最高の
自走型チーム
の作り方

梅原千草

かんき出版

まえがき

本書は、これからチームリーダーになる方や、すでにチームリーダーとして経験を積んでいる方が抱える不安やモヤモヤを解決するための本です。

- これまでの自分のやり方が通用しない
- チームのために良かれと思ってやったことなのに文句を言われる
- 中間管理職として上にも下にも気を配る中で自分が一番疲れてしまう
- プレイヤーとしては優秀だけどリーダーとしては……と言われる
- ○○ハラになるのではないかと気をつかう
- メンバーをフォローしながらも自分自身も結果を出さなくてはならない

私自身、このような多くの不安とモヤモヤを抱えながらチームリーダーとしてキャリアを重ね、また、企業人事や研修講師の立場で多くのチームリーダーと接してきました。

私は、大学卒業後、開業前のユニバーサル・スタジオ・ジャパンの運営会社である株式会社ユー・エス・ジェイ（現合同会社ユー・エス・ジェイ）に、新卒1期生で入社しました。USJの開業期、低迷期、V字回復期を経験し、ウィザーディング・ワールド・オブ・ハリー・ポッターの開業を見届けたのちに、15年勤めた会社を退職。株式会社 SmiLearn を立ち上げ、「学びをおもしろく　働くをおもしろく」をモットーに人材開発コンサルティング、研修、講演活動をしています。

USJでの最初の仕事は、アトラクション「ターミネーター2：3D」の立ち上げでした。工事現場からスタートし、運営方法を策定し、ともに働くクルー（従業員）の採用、育成の1年間を過ごしました。

そして開業とともにクルー約100名を率いるアトラクションリーダーとしての日々が始まります。社会人1年目からリーダーです。

最高のチームを作り、「パークで一番と言われるアトラクションにするぞ！」と意気揚々とスタートするも、すぐに挫折を味わうことになりました。

立ち上げ期は、設備も運用も人も安定しません。毎日新しい問題が起こり、改善し、次に繋げるという試行錯誤を繰り返します。

責任者としてゲスト（お客様）からのクレーム対応も毎日続きます。最前線でゲスト対応をするクルーを守るには、自分が厳しいクレームを受けることが必要です。そんな中で「私が何とかしなければ！」と肩に力が入りすぎ、周囲に頼ることなく、1人で乗り切ろうとしました。常にピリピリした緊張感を纏《まと》い、自分にも周囲にも厳しく、私に誰も何も言えない状況を作ってしまったのです。

目まぐるしい毎日を過ごす中で、寝言で「申し訳ございません」と言っていたり、トイレに行くのを我慢して膀胱炎になったりと心身にも影響が出始めます。

いつしか、「ゲストに楽しんでもらう」という目的も、「ゲストと最前線で関わるクルーが安心して働ける職場環境を作り、一人ひとりが自信を持って元気に仕事ができる状態を作りたい」という想いも忘れていたように思います。何より、大好きで自ら希望したターミネーター2：3Dでの仕事が楽しいと思えない状態になりました。

半年後、現場が落ち着きを取り戻したあと、我に返るも、時すでに遅し。今さら周囲に頼ったり、クルーとの距離を縮めたりすることが難しくなっていました。結果、私は異動することになりました。

本来であれば、苦難を乗り越え、「最高のチーム作りに成功しました！」と言いたいところですが、残念ながら、私が異動することで最初のチーム作りの経験は幕を閉じます。

後悔をしたまま、異動先のアトラクション「バックドラフト」へ着任しました。「鬼リーダー」と呼ばれていた私を受け入れるのは難しいだろうと緊張していたところ、クルーの皆が、初日から「うめリー」というあだ名をつけ、親しみを持って接してくれたのです。私は涙が出るほど嬉しかったことを今でも覚えています。くよくよしていても何も始まらない、皆のために役に立てることを考えようと切り替えられた瞬間でした。

ようやく鎧を脱ぎ、自分もチームの一員として、「**リーダーという役割をどうチームに活かすのか**」という視点を持つことができました。素晴らしい上司やリーダー仲間、そしてチームメンバーのおかげで、少しずつ自分の中で、リーダーに必要な要素が見えた時期でした。

これが私の社会人1年目、22歳のときの経験です。この経験が、その後25年間、リーダーについて考え、チームとは何かを模索し続けるキャリアを歩むことに繋がりました。

その後、人事部へ異動し、自分自身もチームを持ちながら、社内の全チーム、全リーダーがよりよい仕事ができるように人事制度構築や組織開発、人材採用を担いました。その間、パークへの来場者数が減り、低迷期を迎えていきます。

会社の状況がよくないときに経営や現場では何が起こるのか、リーダーの役割は何かを考える機会になりました。**ネガティブな状況のときこそ、リーダーがチームメンバーに与える影響が大きく、リーダーの育成が重要**であると考え、ユニバーサル・アカデミーという社内教育の仕組みを作ります。リーダーに必要な知識やスキルを提供する研修機会を設けたのです。

そしてV字回復期を迎えます。

華々しい時期であり、働く人のモチベーションも上がった時期ではありましたが、変革の時期における経営層と現場の乖離《かいり》や変革後の組織で働くリーダーの不安や葛藤も目の当たりにしました。そこで、ユニバーサル・アカデミーを通じて知識やスキルだけでなく、リーダー間の横の繋がりや、経営層との縦の繋がりを持ってもらえる機会も提供しました。悩んでいるのは自分だけではないと気づくことで変革を受け止め、ともに推進していこうと前を向ける状態を作ることが必要だと考えたからです。**リーダーが自信を持ってチームを率いることができる状態を目指し、奮闘しました。**

この経験を経てもっと多くのチームやリーダーの背中を押せる仕事がしたいと考え、V字回復後の安定したＵＳＪを退職し、今に至ります。今は、多様な業界、多様な組織と関わりながら、自走するチーム作りに力を注いでいます。

自分自身もリーダーとして働き、また多くのリーダー、チームに関わり、改めてチーム作りは難しいと感じています。

リーダーとして経験を重ねても、新たなチームを持つと、また新たな課題が生まれます。チームを構成する「人」は毎回違うわけで、働く環境も役職も仕事内容も変わるのですから当たり前ですよね。

正解なんてあるはずがないのです。

また、時代の変化も影響しています。顧客ニーズの高まりや人材不足の中、スピード感のある業務遂行が求められ、リーダーはプレイングマネジャーとして多忙を極めています。デジタルネイティブ世代も社会人となり、グローバル化により言語や文化が違う人も多くなっています。当然「言わなくてもわかれ」「背中を見て覚えろ」では、指導も育成もできません。多様な人材がともに働く現代においては、さらにチーム作りが難しくなっているのではないでしょうか。

そんな状況を表しているのが、最近リーダーからよく聞くようになった、「今までのやり方では通用しない。自分たちの過去が否定されている気がして、モヤモヤする。でもチームのために自分が変わらないといけない」という言葉です。

本書でお伝えしたいことは、

あなたがこれまで経験してきたことや自分のやり方を否定しなくて大丈夫！

変わる必要もない！

ということです。

ただし、

引き出しを増やそう！

です。正解がない中で必要なのは、あらゆる相手、あらゆる場面に対応できるスキルの引き出しを増やすことです。

自分の経験ややり方はすでに引き出しにあります。自分のやり方が通用する人や場面では、その引き出しを開け、活かしてください。

しかし、今までの自分のやり方が通用しない人には効果的な対応ができるよう、知識やスキルを増やさなければなりません。

私はチーム作りの経験が順調ではなかったからこそ、リーダーには何が必要なのか、どんなチームが成果を出すのかを模索してきました。そして、経営層から現場リーダーまでさまざまな業界のリーダーと接し、試行錯誤を重ねた結果、理論と実践の両面から、チーム作りに大事な引き出しを見出してきました。

本書では、現代だからこそ求められる「自走型チーム」を作るリーダーに必要な引き出しとして、6つの要素を取り上げます。

- 自己理解・他者理解により、強みを活かす力
- チームをポジティブな状態にして、前進させる力
- 多様な人材の関係性を高める力
- 効果的な結果に導くための考える力
- メンバーの能力を引き出す対話力
- 成長を続けるチームを作るための学ぶ力

リーダーの皆さんの不安やモヤモヤを解消し、チーム作りにワクワクできるよう、1つ

でも多くの「引き出し」を増やしてほしいと心から願っています。

梅原　千草

目次

まえがき――3

第1章 なぜ、今「チーム力」が必要なのか？

1▼「チーム」の可能性――22
2▼現代こそ「チーム」の力が必要――26
3▼「自走型」のチームとは？――30
4▼自走型チームを作るリーダーになるために――35

第2章

チーム作りは、リーダー・メンバーの強みを活かす

1 自分を知ることから始める —— 42

2 モチベーションの源泉を探る（Will） —— 49

3 強みが結果を生み出す（Can） —— 56

4 強みを活かして役割を果たす（Must） —— 64

5 メンバーの強みがチームを強くする —— 68

第3章

ポジティブ感情でチームを前進させる

1 「感情」はコントロールできる ── 74
2 ネガティブ感情を手放す ── 78
3 仕事の価値を決めるのは自分 ── 86
4 （自分とメンバーの）承認欲求を満たす ── 92

第4章

チームの強固な土台は人間関係で作られる

1▼人間関係が与える影響 — 104
2▼関係性を高めるために重要な心理的安全性 — 111
3▼チームの羅針盤を作る — 117
1｜目的を共有する — 118
2｜ガイディング・プリンシプルを作る — 121
4▼心理的安全性を高めるリーダーの行動6選 — 126
1｜We（私たち） — 127
2｜Eye（目） — 127
3｜Self-Disclousure（自己開示） — 130

4 Together（一緒に）―― 133
5 Interest（関心）―― 135
6 Energy（エネルギー）―― 138

第5章 リーダーの考え方が自走するチームを作る

1 リーダーに必要な「ＵＳＪ」―― 144
2 捉え方の選択肢を持つ ―― 151
3 思考の癖をつける ―― 159
4 「ＵＳＪ」がチームに与える効果 ―― 163

第6章 コミュニケーションの工夫がチームを強くする

1 対話の質を高める —— 168
2 結果を導く教え方 —— 173
1 自分の当たり前を言語化する —— 173
2 教える経験が成長を促す —— 177
3 自発的な報連相を促す —— 181
4 効果的な会議の作り方 —— 186
1 定例会議をする際に考える4つのこと —— 187
2 ブレイン・ストーミングでアイデアを引き出す —— 189
5 1on1（面談）で成長をサポートする —— 193

第7章

学ぶ個人、学ぶチームへ

1 成長に必要な学ぶ場を提供する —— 214

1 成長に必要な要素 70：20：10の法則 —— 214

2 知的好奇心を高める —— 217

2 他者との関わりが自走を促進する —— 219

3 経験から学ぶ —— 227

あとがき —— 236

◎ブックデザイン　小口翔平＋畑中茜
＋稲吉宏紀（ｔｏｂｕｆｕｎｅ）
◎ＤＴＰ　マーリンクレイン
◎校正　鴎来堂

第1章

なぜ、今「チーム力」が必要なのか？

1 「チーム」の可能性

私は、**チームを「共通の目的を達成するために活動する集団」**と定義しています。

私が働いていたユニバーサル・スタジオ・ジャパンには、多くのアトラクションやショップがあり、働く人それぞれが、ゲスト（お客様）に『超元気』になってもらえるような場作りをしています。

アトラクションを1人で運営することはできません。各アトラクションには100人以上のクルー（従業員）がいます。入口で案内する人、乗り物の安全確認をする人、各乗り物に人数を振り分けていく人、ショーを運営する人、裏で機械を操作する人など多くの人が関わり、1つのアトラクションが成り立っています。

そして、役割や職種が違っても、「ゲストに安全にアトラクションを楽しんでもらい、最高のエンターテインメントの力で笑顔になってもらう」という共通の目的を持って活動しているのです。

私はＵＳＪの低迷期も好調期も経験しています。

低迷期は開業1年後に起きた火薬の使用量に関することなどの不祥事がきっかけとなりました。当時は組織を立て直し、社会の信頼回復が急務でした。

そんな中、私は電話でゲストの声をお聞きする臨時対策チームに携わることになったのです。

不祥事に関するご意見を受け止めて反省し、次に活かして信頼回復を行うことが目的のチームです。各部門の責任者が集まる中で、入社3年目の私は電話記録や資料作成、飲食の準備などのサポートを行う役割でした。毎日、朝から晩まで厳しいご意見を受ける姿を目の当たりにし、直接電話対応をしない私ですら辛く、しんどくなる場面が多くありました。でも、この仕事が嫌になることはありませんでした。そんな心が折れそうな状況でも、誰もピリピリ、イライラすることなく、お互いを労《ねぎら》い合いながら、助け合いながら取り組んでいたからです。ささやかなことしかできない私にも感謝を伝え、温かく接してくださいました。関わる全員が「自分たちも大好きなパークに多くの人がもう一度足を運ぶ未来を作りたい」という想いを共有し、チームとして助け合うことで誰一人欠けることなく、最後まで真摯に対応することができたのです。

その後、ＵＳＪはＶ字回復を成し遂げ、現在に至ります。

私がＶ字回復に向けて立ち上げたユニバーサル・アカデミーは、「組織が変化する時期だからこそ、一人ひとりが自信を持って挑戦できる環境を提供し、人と組織を強くする」という強い信念のもと創設しました。

でも当初のチームメンバーは私とアシスタントの2人しかおらず、現実的にできることが限られていました。そこで社内外に協力を仰いだところ、私たちの信念に共感し、協力をしてくれる方々が現れたのです。

研修サイトの制作、ニーズのとりまとめ、研修ツール作り、社内講師、社外情報の提供などに力を貸してくれました。その結果、約９０００名のクルーに向けて、年間１００日、40種を超える研修やワークショップを実施することができました。２人から始まった取り組みでしたが、気がつけば多くの人がチームの一員として、活動していました。

このように、**2人以上が集まり、共通の目的を達成するために活動するのがチームです。**

パークの現場で私1人が笑顔にできるゲストは限られていますが、チームメンバー一人ひとりが素晴らしい接客ができるようになると、私だけのときよりも、何倍、何十倍ものゲストを笑顔にすることができます。

1人では途中で諦めてしまうような苦境も励まし合い、助け合うことで、乗り越えていくことができます。

私1人で年間40種以上もの研修を企画、実行することは難しいですが、社内外のプロとチームを組むことで、質の高い研修をクルーに提供することができます。

チームは、1人では不可能なことも可能にし、1人のときよりも何倍も力を発揮できる無限の可能性を持っているのです。

2

現代こそ「チーム」の力が必要

ＶＵＣＡ時代という言葉を聞いたことがありますか。

ＶＵＣＡとは、Ｖ＝Volatility（変動性）、Ｕ＝Uncertainty（不確実性）、Ｃ＝Complexity（複雑性）、Ａ＝Ambiguity（曖昧性）の４つの単語の頭文字を取った用語です。

そして、ＶＵＣＡ時代とは、未来の予測が難しくなっている状況であり、既存のビジネスモデルや職場にあるノウハウ、過去の経験だけでは対応ができない時代を意味します。

ＶＵＣＡという用語は、もともとは１９９０年代にアメリカの軍隊で使われていて、戦局の見通しが不透明になった状態を意味していました。それが２０１０年代になり、政治や経済においても、想定外な出来事が次々と起こる時代になってきたことをきっかけに、

VUCA時代

V	Volatility	変動性
U	Uncertainty	不確実性
C	Complexity	複雑性
A	Ambiguity	曖昧性

未来の予測が
難しくなっている状況、
既存の価値観や
ビジネスモデルが
通用しない時代のこと

一般でも使われるようになりました。

急速なＩＴ技術の発展や顧客ニーズの多様化、異常気象や少子高齢化、人材の流動化など、私たちを取り巻く環境は大きく変化しています。最近では、新型コロナウイルス感染症による予想不可能な状況になりました。誰もが緊急事態宣言下の生活は初めてで、過去の経験では対応できないことも多く、既存の価値観を覆されました。そんな時代だからこそ、今改めてチーム力が注目されています。

２０２０年、私は大学で講師をしていましたが、新学期が始まる直前に、緊急事態宣言が出されました。教室での授業はストップし、オンライン授業へ切り替えることになったのです。

短期間で自宅の環境を整え、ＺＯＯＭの使い方を学び、授業のやり方や資料、評価指標、テストの実施方法を見直す状況になりました。

当然すんなりとうまくはいきません。オンラインで授業が始まっても、大学も学生も未経験のことなので、試行錯誤の連続です。大学講師を始めて5年目でしたが、それまでの中で、一番大変な経験となりました。

今では、当時の状況が思い出せないぐらい、当たり前になりましたが、当時は関わる人全員が手探り状態で、失敗を重ねながら取り組んでいました。

そんな**未経験の取り組みをする中で、私が変化を受け入れ、状況を打開できたのは、講師間に生まれた「チーム力」のおかげでした。**

ある人はZOOMの使い方を動画で解説し、ある人はアメリカで実績のあるオンライン授業のノウハウを教示し、ある人はオンライン授業で起きた問題と対策をリストにして共有してくれました。ときには、講師同士でしか言えない愚痴を共有しながら、よりよい方法を話し合いました。

普段は個々で活動することの多い講師陣の即席の「チーム」でしたが、「対面と同じ質でオンライン授業を行い、学生にとって価値のある学びの場を提供する」という目的に向かって、それぞれが持つ知識や経験を共有し、議論し、高め合い、短期間でよりよい結果を出すことができました。1人では対応しきれない状況を、チーム力で乗り越えられた経験でした。

このように、**過去に経験したことがない、1人では解決策が見つからない、インターネットで検索しても答えがないといった出来事に直面したときに、チームの力が重要です。**なぜなら、複雑な状況に対応するには、個々が持つ多様な経験、価値観、知識を集結させ、発展させることが最も有効な手段だからです。1人ではなく、チームで取り組むからこそ、既存のやり方から脱却し、新たな発想が生まれ、変化を生み出し、乗り越えることができます。

そして、現代は多様な人材がともに働く時代です。だからこそ、それぞれが持つ経験を活かすことができれば、よりチーム力が高まるのです。

3 「自走型」のチームとは？

ＵＳＪ時代から多くのチームを見てきた結果、私が考える理想のチームは、メンバー一人ひとりが自分で自分を動かすことのできる「自走型チーム」です。

リーダーが指示を出して動くのではなく、メンバーそれぞれが仕事の目的を理解し、チームの状況を把握して、何が必要なのか、自分は今何ができるのかを考えて動くことができれば、リーダーはもっと楽になり、いい結果も生まれます。

現代のリーダーは、人手不足、働き方改革、顧客からの要望や期待の高まりの中、プレイングマネジャーとして仕事の成果を求められます。しかも、結果を出すスピードも必要です。

また、転職が当たり前になっている昨今、新卒から同じ組織で共通の価値観を持って歩んできた人ばかりではないため、「組織内の常識だから」が通用しません。年上の部下や他社経験豊富な部下も増えています。リモートワークでの物理的距離もあります。したがって、指示の出し方、業務の教え方、アドバイスの仕方も工夫が必要です。

このように仕事にも人にも対応する難易度が高まっている分、リーダーがすべてを管理し、指示を出し、問題解決をしようとしていては、忙しくなるばかりです。それどころか、リーダー自身もチームも限界を迎えてしまいます。

だからこそ、今の時代に自走型チームが求められます。

私が研修を実施している企業で、チームのメンバー同士の関係が希薄で、コミュニケーション不足に悩んでいたリーダーがいました。

パソコンに向かって黙々と仕事をする時間が長い職種のため、会話をしなくても仕事はできます。ただ、わからないことがあっても相談しない、気がついたことがあってもアドバイスしないという状態により、生産性が上がらず困っていました。

そこに、新入社員が1名配属されてきました。右も左もわからない新人ですから、当然、仕事を覚えるのには時間がかかります。でも、配属後2週間でチームの課題を解決したというのです。

新入社員が何をしたかというと、毎日明るく元気に挨拶し続けること、たったそれだけです。

最初、先輩たちは「うるさく面倒な後輩が配属されたな」という反応で、挨拶されても目を合わさず、軽く会釈するだけでした。それでも新入社員は、毎日続けました。すると少しずつ、先輩たちの反応が変化していきました。

目を合わせて会釈する。声を出すようになる。その声が少し大きくなる。

一歩一歩は小さいですが、着実に変化し、2週間が経つ頃には挨拶だけでなく、「いつも元気やなあ」という会話が生まれていました。

リーダーが新入社員に御礼を伝えたところ、「今の自分が皆さんに貢献できることは、元気な挨拶ぐらいだったので……」と照れながら言ってくれたそうです。

指示されたわけではなく、新入社員が自分で考え、自分で行動を選択した結果、チームをポジティブに巻き込んで成果を出すことができたのです。また、新入社員自身も周囲と良好な関係を作ることになり、自分が働きやすく、心地よい環境を手に入れました。

これがまさに「自走」している状態です。

「自走」とは、「他の動力に頼るのではなく、自分自身の動力で走る」という意味です。自走はチームにいい影響を与えるだけでなく、自走している本人も仕事や職場に満足し、成長を続けるという効果があります。

誰かに走らされているときよりも、自分の意思で走っているときのほうが、やらされ感が軽減され、モチベーションを維持しやすくなります。また、自分で考えたことなので、責任感も生まれ、走り切ったときの達成感も大きいものです。

この「自走力」は誰にでも身につけることが可能です。役職や勤続年数、年齢など関係なく、日々の経験を通じて、高めることができるものです。自走力はスキルだからです。

そして、一人ひとりが自走する中で、メンバーがお互いを信頼し、必要とする関係性が生まれればチームが自走します。

「メンバー一人ひとりが自ら考え、自ら言動し、周囲をポジティブに巻き込みながら目的を達成する」ことができるチームが、「自走型チーム」です。

4 自走型チームを作るリーダーになるために

「自走型チーム」を作るために、リーダーは、メンバー一人ひとりに「自走する力」を身につけてもらえるように働きかけることが必要です。

そこで、**まずはメンバーが主体的かつ意欲的に取り組むようになるために、メンバーが持つ心理的資本を高めます。**

心理的資本とは、自信や希望を持ち、目的の達成に向けて前向きに行動する内面の力のことです。

1990年代後半から組織が成果を上げるには人の力を引き出す必要性が注目され、まずは人が知識やスキルなどを身につけることを重視する人的資本が唱えられました。その後、社内外のネットワークや人脈など人との繋がりの中で知識やスキルを活かし協働することを重視する社会的関係資本が登場します。そして、現在注目されているのが心理的資本です。自分を動かす心理的内面の力があれば、知識や人脈を増やそうと取り組むことに繋がるため、人的資本や社会的資本の土台として位置づけられています。まさに自走するための土台です。

心理的資本は、「Hope（希望）」「Efficacy（自己効力感）」「Resilience（回復力）」「Optimism（楽観性）」の4つの要素から成り、頭文字を取って「the HERO within（自分の中にいる英雄）」と表現されます。

目的や目標を達成する前向きなエネルギーを生み出すのがHope（希望）です。目の前の仕事に対する達成欲やチームに対する貢献欲を生むには、やらされ感ではなく「やりたい」という気持ちを醸成することが必要です。

自分に対して根拠のある自信を持ち、「自分にはできる」と自己認識できている状態がEfficacy（自己効力感）です。どのような仕事や状況でも前進しようとする原動力になります。

失敗をしても立ち上がり、乗り越える力がResilience（回復力）です。逆境やストレスに直面したときに、自ら乗り越え、適応していくことができます。

物事のポジティブな面を捉え、できないことではなく、できることへ目を向ける力がOptimism（楽観性）です。他者や環境という外的要因ではなく、内的要因である自分自身に目を向けることができます。

この4つの要素を高めることができれば、メンバーは自走します。リーダーは、メンバーが走り出したくなる方向を示し、「走り出してもいいのだ」「私も走れるかも」と思える環境を作って後押しをします。走り出せば、任せ、見守ります。途中で足を止めたり、道を間違うことがあればアドバイスをし、どうすればいいのかを一緒に考えます。走り切ったらともに喜び、内省をサポートすることで、また走り出せる状態を作るのです。これを繰り返すことで、メンバー一人ひとりのパフォーマンスが上がり、強い個人を作ることになります。

なお、心理的資本を高めることは、リーダー自身にも必要です。自分が作りたいチームの実現に向けて、前向きに取り組むことに繋がるからです。次章から、リーダー自身とメンバーの心理的資本を高めながら自走力へと繋げていく方法をお伝えします。

そして、高まった個々の自走力を活かすために、チームを構成するメンバー同士がお互いを認め、協働できる環境を作ります。そうすることで個々のパフォーマンスが上がり「チーム力」が向上します。

残念ながら、自走できる個人が集まるだけでは、チーム力にはなりません。チームは、1＋1＝2以上の力を発揮する可能性を持っている反面、1＋1＝0になる可能性も持っています。

他人同士が一緒に行動するわけですから、合う・合わないが起こって当然ですね。それぞれの考え方や背負っているものも違い、歩み寄れないこともあります。

そんな中でリーダーができることは、**「自走型チーム」の壁となる要素を可能な限り取り除くことです。**

壁となる要素には、次のような要素があります。

- 向いている方向がバラバラである
- お互いが遠慮、または牽制し合っている

個人力&チーム力

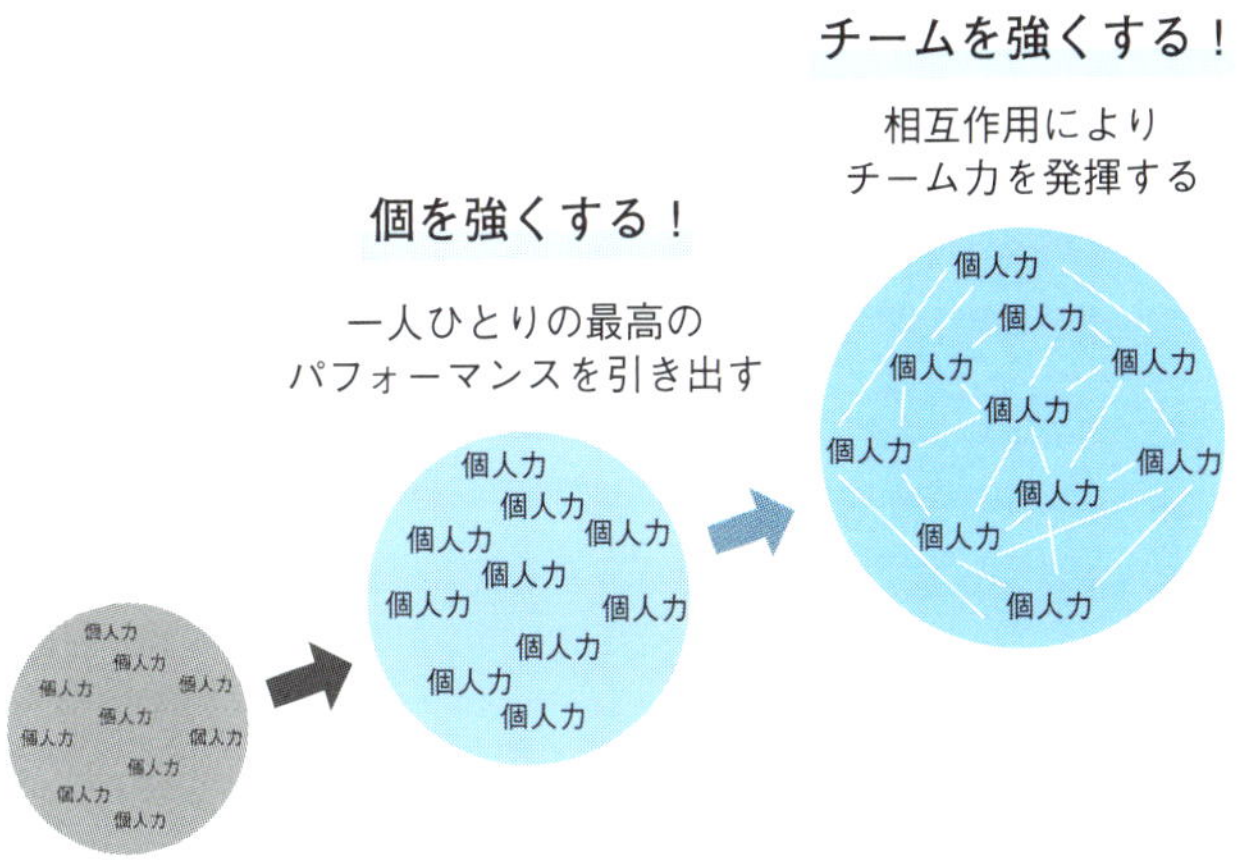
チームを強くする!
相互作用により
チーム力を発揮する
個を強くする!
一人ひとりの最高の
パフォーマンスを引き出す
個人力
個人力
個人力

- 自分以外の人や自分の範囲外の仕事に興味を持たない

これらをリーダーとして、仕組みや接し方を工夫し、意図的に防止するのです。

- チームの存在意義や仕事の目的を明確にし、共有することで、性格や価値観はバラバラでも同じ方向に歩くことができる
- 安心して自己開示ができる心理的安全性の高い環境を作ることで、質問をすることをためらったり、反対意見を言うことを怖がったり、馬鹿にされないように振る舞う必要がなくなる

●他者との連携や協力によって、新たなアイデアが生まれる、仕事が楽しくなる、苦難を乗り越えられるという協働のメリットを感じる機会を作ることができれば、チームや他者へポジティブな目線を向けることができる

大事なのは、「仕事をするためのチーム」であることを全員が理解し、仕事をするうえで支障のない信頼関係を作り、１＋１がマイナスになる状況を防ぐことです。

すると相手へのネガティブな視点は和らぎ、ポジティブな視点に立つ土台ができます。その土台の上に、仕事上の関わりを積極的に作り、お互いが貢献し合っていることを実感できれば、メンバーのパフォーマンスに相乗効果が生まれていきます。１人でやるより、チームでやるほうが自分にメリットがあると感じてもらえれば、「チームのために自走する」という視点が加わります。

メンバー一人ひとりへの働きかけを工夫し、自走する人材へ成長させ、自走できる人材がともに働くことで、高い成果を生み出すチームを作ることができます。

第2章

チーム作りは、リーダー・メンバーの強みを活かす

1 自分を知ることから始める

チームを作るには、メンバーを理解すること、つまり他者理解が必要です。そして、他者を理解するためには、まずは自己理解ができていることが前提です。

マネジメントの祖とも言われるピーター・ドラッカーは、「知識経済での成功は、自分の強み、価値観、そしてどのようにして最高のパフォーマンスを発揮するか、自分自身を知ることができる人にもたらされる」と言っています。

自分の強み、弱みを客観視できたなら、感情や言動をコントロールしやすくなり、自分の言動が他者にどのように影響するかを考えられるようになります。その結果、他者を理解、受容し、他者との接し方を工夫することができます。

ただ自分のことを理解するのは、大変難しいことです。

自分のことはわかっていると考える人が多く、改めて自分を意識的に見ようとしない傾向があります。理解の前に、認識ができていないのです。

組織心理学者のターシャ・ユーリックは、著書『Insight』(英治出版)で、「自己認識ができていると思っている人は95%いるが、実際にできているのは10~15%であった」という調査結果を述べています。

私はUSJ時代に、自分のことを「なんとなく」わかっているつもりでいた、と気づく機会がありました。

ユニバーサル・アカデミーのプログラムの1つに、当時の社長を講師とした「ガンペル・アカデミー」がありました。希望者の中から選考された数名の社員が、約半年間かけて社長と議論し、経営者視点を学びます。

そのプログラムの初回に、社長が必ず出す問いがありました。それが「Who are you?」です。

「Who are you?」は、自己紹介を促す問いです。

「Who are you?」と問われると、「営業部で西日本地域の旅行代理店を中心に営業をしています。入社して5年目です」というような、所属や仕事内容から話を始める人がほとんどです。あなたも自己紹介といえば、このような回答をイメージするのではないでしょうか。

すると社長は、話し始めた社員の言葉を聞きながら、「Who are you?」と聞き直します。社員が改めて経歴や仕事内容を話し始めると、また「Who are you?」。もう緊張で頭がパニックになりますね(笑)。

「あなたは誰なのか?」という問いは、「あなた自身」を深く知るための問いです。会社や肩書、職歴も「あなた」を構成している要素ですが、それだけではなく、あなたは、どんな考えや価値観を持っているのか。なぜUSJで働いていて、何を成し遂げたいのか。どんな人生を歩んできて、これからどんな人生を歩みたいのか。そして、今回のガンペル・アカデミーは、あなたにどのような影響を与えることができるのかを問うていたのです。

最初はみんな同じように、何度も「Who are you?」を繰り返され、頭が真っ白になりました。他の人が何度も繰り返されているのを見て、頭では理解していても、いざ自分の番になると、自分の外側にある情報しか出てこないのです。

私は、多くの参加者が何度も問いかけられてようやくたどり着いた「あなた自身」の答えを聞き、衝撃を受けることが多々ありました。学生時代の挑戦、親との確執、海外生活での挫折、ＵＳＪで本当は何がやりたいのか、自分が一番大事にしていること、定年後の夢などが語られました。私がよく知っている参加者からも、初めて聞く話が次々と出てきました。

そして、それらの経験や考え方が、今の自分にどのように影響しているのかを社長はさらに掘り下げていきます。問いかけられ、答えているうちに、「自分は一体何者なのだろう」「何がしたいのだろう」と参加者が頭をフル回転させているのが伝わってきました。

社長は、話している参加者に、「今の話をしているときの表情が自信に満ちているね」「その話はあなたが成長することに繋がったように見える」と印象を伝えながら、対話を進めていました。

また、他の参加者も巻き込み、どう見えたか、普段とのギャップがあるかと問いながら、参加者間の対話も促していました。私はその様子を見て、**他者視点が加わることで、さら**

に自己認識が深まっていくことを実感しました。

「Who are you?」という問いは、まさに、自己認識を促す問いであり、「リーダーが自分を知る」ことの必要性を実感する機会となりました。

先述したターシャ・ユーリックは、**自己認識には、「内面的自己認識」と「外面的自己認識」の2つの側面があり、その両方に取り組む必要があると提唱しています。**

「内面的自己認識」とは、自分の価値観や情熱、願望についての内省的な理解を意味します。

一方、「外面的自己認識」とは、他者から自分がどう見えているかに対する理解です。そして、この2つの側面をバランスよく認識できることが、いいビジネスリーダーと説いています。

自己認識力を高めることは、自分を動かす原動力になります。そして、内省する力や物事を俯瞰で見る力、他者から自分はどう見えているのかという他者視点への意識が高まります。**自分自身の行動や思考を深く洞察することが、他者との関係構築や業務遂行に活用する能力に繋がるのです。**

Will　Can　Must

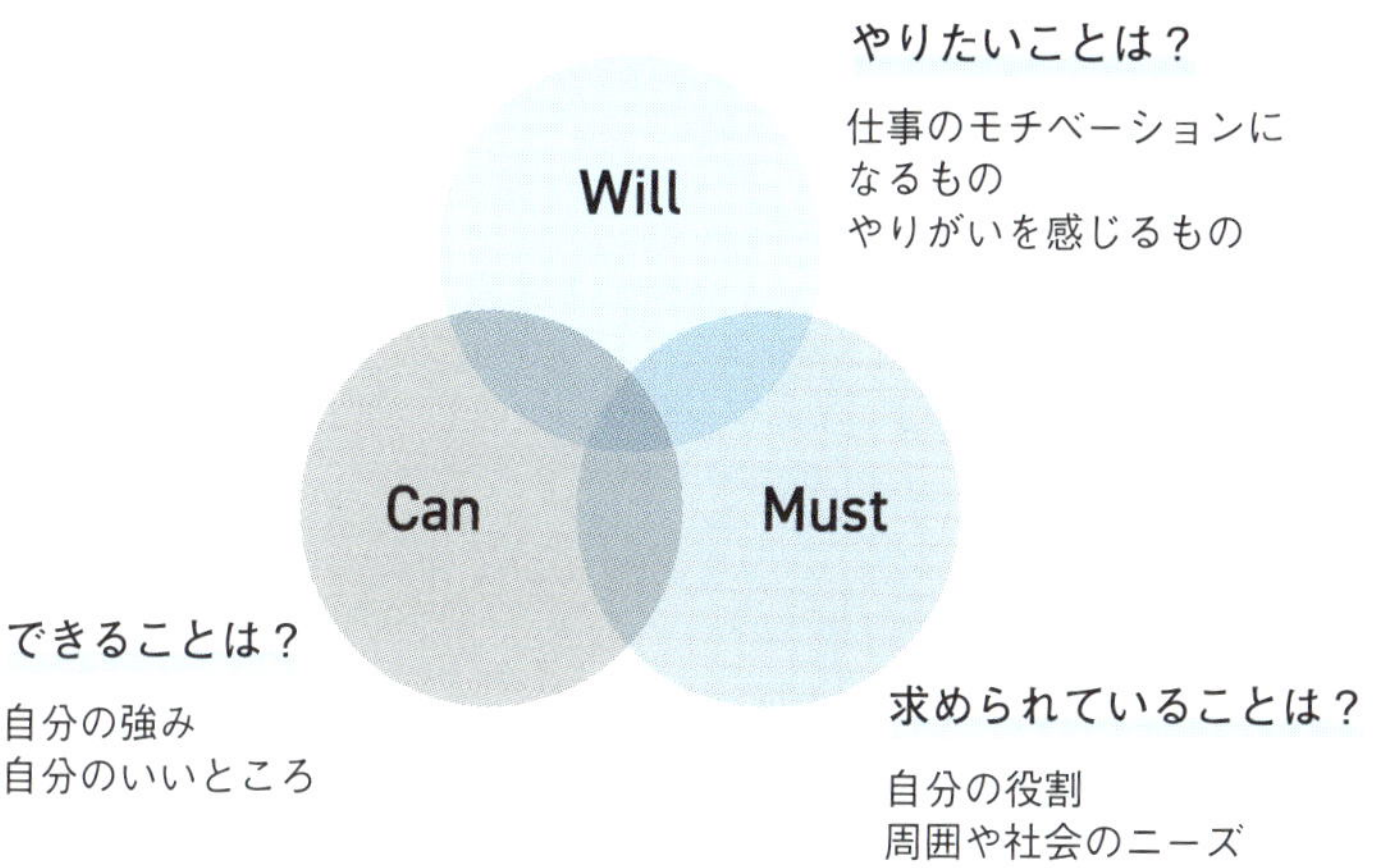

リーダーが自分を知り、自分を理解することがチーム作りの第一歩です。

自分を知るためのフレームワークとして「Will・Can・Must」があります。これを使って自己認識、自己理解へ繋げてください。

Will：やりたいこと
Can：できること
Must：求められていること

この3要素が、重なる部分が大きいほどモチベーションの維持ややりがいに繋がり、自分を動かす力となります。

それぞれの要素を考え、書き出してみましょう。大事なポイントは「可視化」です。頭の中で考えているだけでは、明確に認識ができません。文字に起こし、視覚でも認識することが効果的です。頭の中で思い描くだけでなく、書き出すことで客観視し、深く自分を知る機会としてください。

2 モチベーションの源泉を探る（Will）

Willは、自分が好きなこと、やりがいを持てること、大事にしたいこと、実現したいことなど、自分のモチベーションの源泉を指します。

それを認識するためには、まずは過去の経験を棚卸しすることが有効です。

経験の棚卸しで使用されるツールの1つである「モチベーション曲線図」を使って、過去の経験を可視化し、自分の情報を集めてください。

横軸は、可視化する期間です。

まずは直近の1年やリーダーになってから現在までの期間などが書きやすく、お勧めです。

縦軸は、自分のモチベーションの高低を表しています。嬉しかった、楽しかった、やりがいがあったなど、自分にとってポジティブな経験であれば中央線より上に書きます。辛かった、しんどかった、悔しかったなど、ネガティブな経験であれば下に書きます。

どの程度、上下するかは、自分の感覚で自由に表現してください。

なお、**書き出す際に大事にしてほしいのは、できるだけ多くの経験を可視化することです。**一番上、一番下の経験は印象に残りやすく、すぐに思い出すことができます。でも、日々起こるさまざまな経験の中にも、自分を知る情報が隠れている可能性が大いにあります。そのため、書き方としては、思い出した経験を点と吹き出しで書き出していきましょう。まだ線は引きません。

過去の経験を思い出しやすいように「11の問い」を用意しました。

経験を思い出し切ったら、「11の問い」にも答えてみてください。その際も、心の中で答えるのではなく、書き出します。

そして、また、モチベーション曲線図に戻り、さらに思い出した経験を追加してくださ

モチベーション曲線図

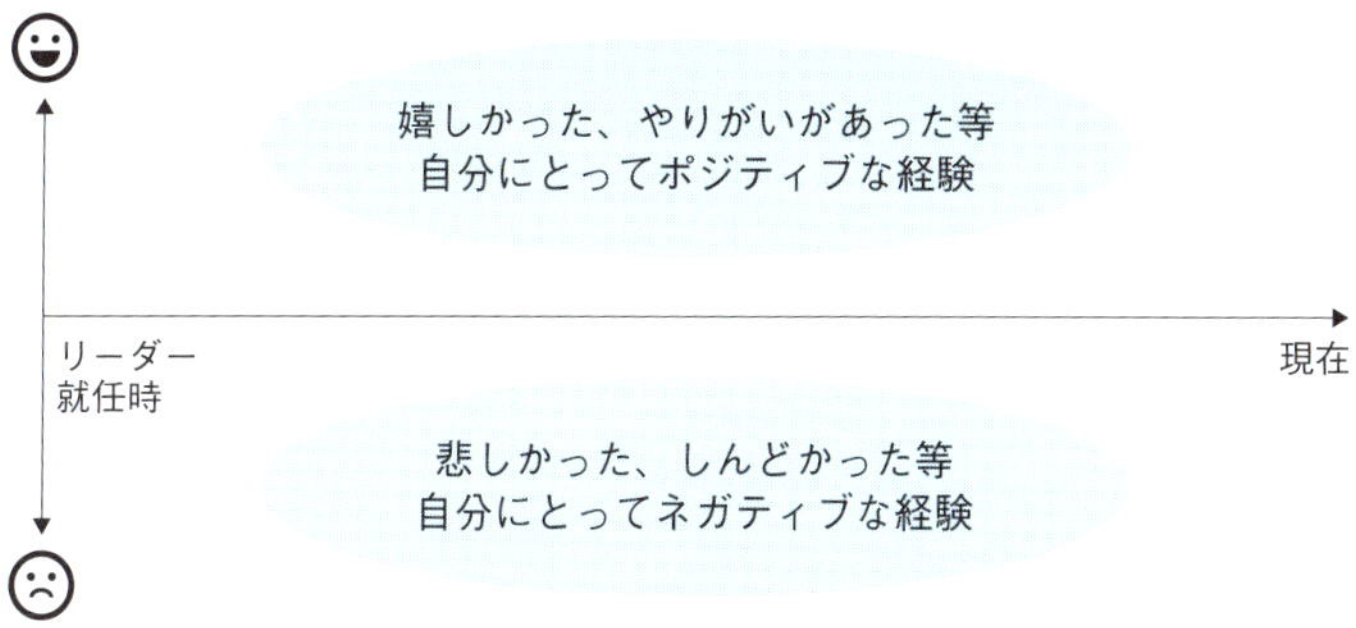

モチベーション曲線図例

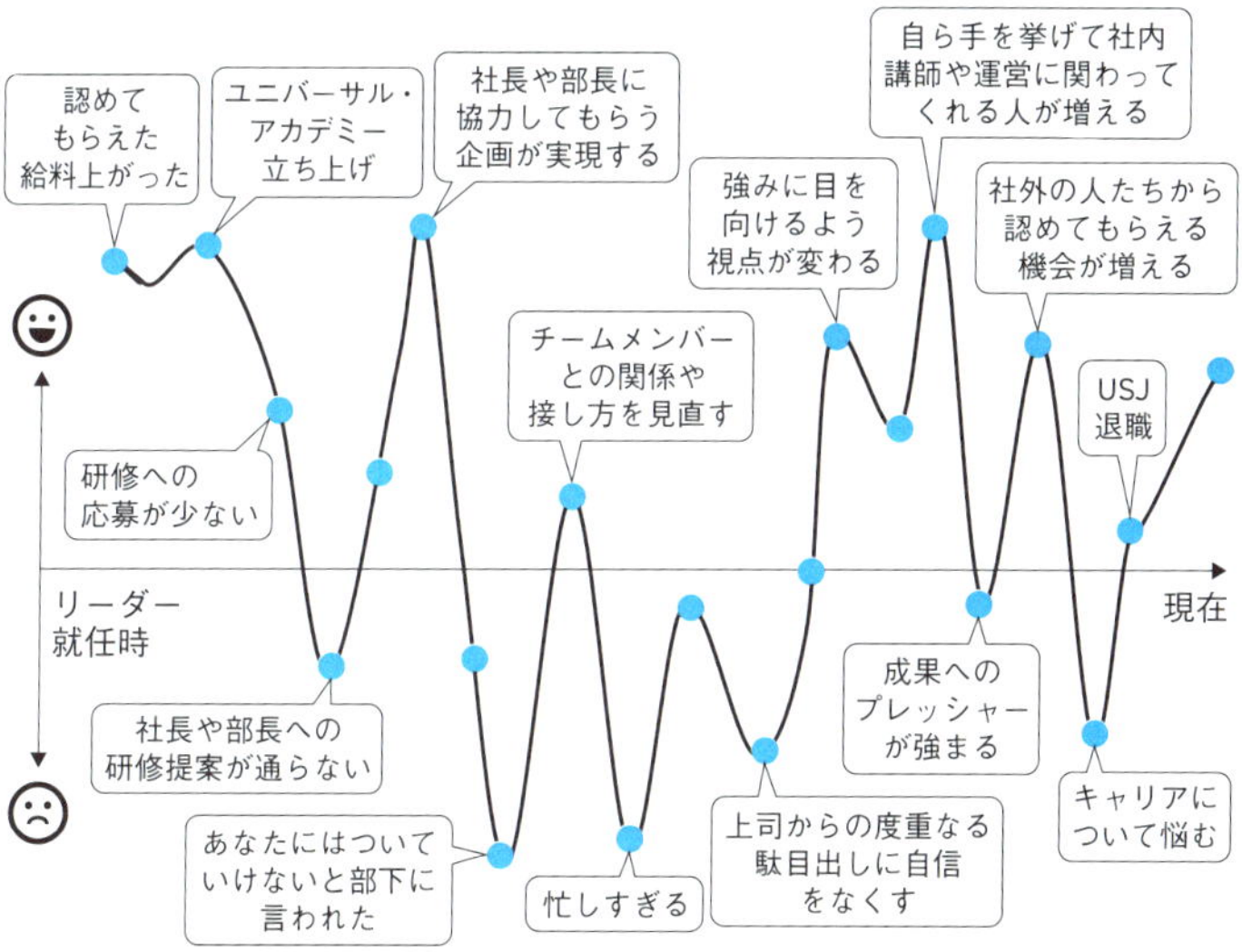

11の問い

入社理由は？

一番達成感ややりがいを感じた経験は？

一番辛かった・しんどかった経験は？

仕事をする中で得た
知識やスキルは？

「認められたり、感謝されたこと」
で印象に残っていることは？

「指摘されたり、注意されたこと」
で印象に残っていることは？

仕事に対する
今の気持ち

今抱えている
不安や不満は？

リーダーになってから現在……
“私、頑張ったなあ”と思うこと

リーダーになってから現在……
私変わったなあと思うことは？
（ポジティブ・ネガティブ　どちらもOK）

自分に対する
今の気持ち

い。

すべての経験を可視化できたら、点と点を繋いで曲線を引きます。どのような曲線図ができ上がりましたか。

経験は記憶の中、頭の中にあります。それを可視化することで、客観的かつ冷静に自分の特徴を捉える機会となります。そして、それぞれの経験に対して深掘りをしていきます。

ポジティブな経験は、どのような環境で、何をしているときでしたか。何に満足していましたか。

ネガティブな経験は、どのような環境で、何をしているときでしたか。何に不満を感じていましたか。何をきっかけにネガティブな状況から回復しましたか。

経験の深掘りができたら、さらに洞察をします。洞察とは、得た情報に対して、「なぜなのか」「だから何が言えるのか」と考えることです。

私は、新しい仕事を始めるときや働く環境が変わるときにポジティブになる傾向があります。それがなぜなのかと考えると、環境変化によってゼロからやり直せて、理想の自分になるチャンスだと考えるからでした。

一方、ネガティブになりやすいのは、他者からないがしろにされたと感じたときです。私という存在を否定されたり、他者から必要とされていないと感じるとモチベーションが下がります。「私でなくてもいい」「私じゃないほうがいい」と思うことが、とてもストレスに感じることに気づきました。

「なぜなのか」が見えたら、「だから何が言えるのか」「どうしたいのか」と続けます。

例えば、私は変化があるとポジティブになるとわかったので、変化の多い環境を探したり、自分で変化を作ったりすることが大事だと言えます。既存の仕事のやり方を変えたり、新しい提案を出すなどの行動を起こすことで、自らのモチベーションを上げることができます。

もちろん変化を求められていない状況もあります。そんなときは、デスク周りの配置を変える、出勤時間を早めてみる、お昼ご飯を食べる場所を変えるといった、自分だけに影響のある変化を作ることにしています。

自分の情報を集め、洞察を繰り返すことで、自分の好きなこと、大事にしたい価値観、ストレスの要因、求める環境などが見えてきます。そして、「だから何？」「だからどうすればいい？」とさらに問いかけていくことで、自分の取るべき行動を知ることになります。

情報は多いと精度が高まるので、ぜひ学生時代や前職時代についても可視化して、洞察を繰り返してみてください。そして、今後も1年に1回など定期的に経験の棚卸しを行い、自分を客観視し、自分を知る機会を作りましょう。

3 強みが結果を生み出す（Can）

Canは、自分ができること、自分が持っている能力やスキルなどの強みのことです。あなたは、自分の強みを認識できていますか。

私はリーダーとして経験を重ねたのちに、とても自信をなくした時期があります。すべて自分の力不足が原因なのですが、周囲からの厳しい言葉や上司からの度重なる指摘に、何をすればいいのか、何が正解なのかわからなくなってしまいました。そんなときに助けられた言葉があります。

「あなたの強みは何ですか？　強みに集中しなさい。あなたの強みが抜きん出れば、誰も何も言わなくなる。弱みからは何も生まれない。結果を出すのは強みからです」

これは、ＵＳＪで働いていた当時のマーケティング本部長、現株式会社刀の森岡毅さんから言われた言葉です。

森岡さんとは部門が違いますが、定期的にお話をする機会をいただいていました。きっかけは、社内ＳＮＳで発信する森岡さんの強い言葉を読んで、この方と直接話がしたいと思い、本人にメールを送ったことです。すると、多忙である森岡さんから、すぐに返事をいただき、その後は定期的に組織開発や人材育成について議論をしてくれました。ときには厳しく指摘されることもあり、自分の能力の低さに落ち込むこともありましたが、人事のプロとして、社会人として、より成長したかった私には、貴重な機会でした。

そんな中、私が自信をなくす時期が訪れます。考えすぎて闇の中にいた私は、森岡さんとのミーティング時に、ぽろっと弱音を吐いてしまったのです。そのときに言われたのが前述の言葉です。

当時の私にとって、そして今の私にとっても、大事な言葉です。

森岡さんは、テレビや書籍でも同様のことを言われています。それに触れる度に、当時の森岡さんの表情と力強い声とともにこの言葉を思い出し、背筋が伸びます。

強みシート

	知識・スキル・経験	性格・考え方・姿勢
強み・いいところ	知識 スキル 経験	
課題		

自己認識をするときに、自分の課題や弱みに目を向けることも必要です。

ただ、課題にばかり目を向けすぎると、自信をなくし、強みまで失っていきます。そして、残念ながら、**自信のないリーダーでは、メンバーがリーダーの言葉に耳を傾けたり、判断を信用したり、頼ることができなくなります。**

悩んでいた当時の私は、まさにこの悪循環に陥りました。その状態からはチームにいい影響は与えられず、何も生まれません。

あなたの強みは何でしょうか？

強みシート例

	知識・スキル・経験	性格・考え方・姿勢
強み・いいところ	**知識** 人材採用、研修作り、接遇マナー、コーチング、心理学、組織作り、人材マネジメント、刑事訴訟法、犬との暮らし **スキル** 面接、講師、企画力、プレゼン力、改善力、PC（word／excel／PPT／メール）、整理整頓 **経験** リーダー（部下1人～100人）、海外研修、管理職、クレーム対応、起業、部下が離れた、オンライン研修	口が堅い 心配性 愚痴を言わない、悪口を言わない 情に弱い 臨機応変な対応ができる 空想好き 遊び心 家に仕事は持ち込まない オンとオフはっきり 食で幸せ感じる
課題	語学力 営業力	ストレスに弱い 出無精

知識やスキル、経験、自分の考え方や大事にしていることの中に、強みが必ずあります。その強みを自覚して初めて、使うことができます。

まずは、数を多く出すことを意識して「強みシート」に書き出してみてください。自分に多くの強みがあることがわかれば、その中から、自分が望むこと

（Will）、周囲が求めていること（Must）と重なり合う部分が見えてきます。つまり、活かすべき強みが見えてくるのです。

多くの強みを書き出すときに、意識してほしいことが5つあります。

❶できて当たり前だと思わない

できることはすべて書きます。例えば、今どきパソコンなんてできて当たり前だと思って書かない人がいます。でも、そのスキルを用いて仕事をしているので立派な「できる」ことです。

❷分解して考える

○○経験があると書くときは、その経験の中には何が含まれているのかを考えて、それぞれを強みとして書きます。例えば、接客経験とひとくくりにするのではなく、レジ打ち、品出し、在庫管理、接遇マナー、クレーム対応など分解することで、より具体的で、多くの強みが出てきます。

3 好きか嫌いかは関係ない

できるけど、好きじゃないと思う強みもありませんか。例えば、私はアトラクションのリーダーとして働いていたときに、多くのクレーム対応の経験をしました。役割として対応せざるを得ない状況でクレーム対応力が身についていきました。今でも怒鳴る声を聞くと心臓が痛くなり、トラウマになるほどの経験だったため、当然好きではありませんが、クレーム対応はできます。スキルとして持っていれば強みです。

4 弱みやネガティブな経験も強みになり得る

「Will」を考えるときに用いたモチベーション曲線図も参考にしてください。多くの経験が書かれています。ネガティブな経験であっても、その経験が今の自分に活きていると思える場合は、強みとして捉えられないかと考えます。例えば、私はメンバーから「もう梅原さんにはついていけません」と言われた経験があります。本当にリーダーとして反省してもしきれない経験で、立ち直るのに時間を要しました。こんな経験はしないに越したことはありません。でも、ときを経て、多くのリーダーの支援をするようになり、あのときの後悔している経験があるからこそ、その人たちのなかなか人には言えない悩みや不安を想像することができたり、寄り添うこともできたりするのだと考えるようになりました。そのため、今は反省の意味も込めながら、この経験も強みに入れています。

⑤仕事以外でもできていることがあるはず

強みは、「仕事」視点だけではありません。プライベートでできていること、知っていること、経験してきたことも強みです。例えば、毎日している料理、趣味の音楽の知識、育児経験や介護経験、一人暮らし経験など多岐にわたります。仕事以外についても、①〜④までを意識してたくさん書き出してください。

いくつぐらい書き出せましたでしょうか。すでに、あなたには「Can」が多くあることがわかったはずです。

でも、もう少し「Can」を増やしましょう。ぜひ、**上司やチームメンバーにも、あなたの強みが何だと思うか聞いてみてください。**自分が書いた強みと一致するものがあれば、強みが発揮できているという証です。意外な答えが返ってきたら、それは新しい強みの発見です。

私は、メンバーから、「いつも自信を持って積極的にチャレンジしている」と言われます。自分では「物事のマイナス面に視点がいき、消極的でいつもリスクを探している」と思っているので、他者認識と自己認識とのギャップが大きいですね。

でも、この他者から見えている自分も、強みだと考えています。自信があると思われることで言葉の説得力が増しますし、果敢にチャレンジしていると見えていることで、チーム全体にチャレンジを推奨するメッセージを送れているからです。

自分が考える内面的自己認識だけではなく、周囲にどう見られているかという外面的自己認識ができると、強みが増えます。

4 強みを活かして役割を果たす（Must）

会社や上司、チームメンバーから期待されていること、あなたが周囲に対して果たすべき役割がMustです。

WillとCanだけでは、独りよがりになってしまいます。組織や他者との関係性の中で、自分を活かすことを考える必要があります。

つまり、Mustはあなたの Canを活かす場所であり、Willを実現する場所と言えます。

例えば、私がユニバーサル・アカデミーを作ったとき、

- 経営からは、経営状況を改善するために人を強くしなければいけない

- 各部門からは、リーダーとなれる人材を育てるべき
- 社員からは、もっと人材に投資してほしい

というニーズがありました。

このようなニーズに応えるために、課題を見つける力や改善に向けた行動力、社内の人脈という自分の強みを活かしたことでユニバーサル・アカデミーを作ることができたのです。当然スムーズに物事が進んだわけではありませんが、私のWillである「変化を生み出すこと」に繋がっているため、途中で諦めることなく前に進めることができました。

今、あなたのチームは、会社から、上司から、顧客から何を期待されていますか。

そして、あなたは、会社から、上司から、メンバーから何を期待されているでしょうか。

会社や上司からは、部門方針や評価対象項目として示されていることが多いと思います。その内容を再確認し、自分の理解が合っているか上司と確認してください。

メンバーからの期待は、直接聞いてみることがお勧めです。リーダーの予想と違う返答があるかもしれません。

ＵＳＪで、長年のアルバイト経験を経て社員になったリーダーが、メンバーが求めるリーダーになれていないことに悩み、私の元へ相談に来てくれました。詳しく話を聞くと「社員としてもっと堂々とした振る舞いを期待されている。今までのような話しやすい身近な存在ではなく、より頼られる存在にならなければいけない」と考えているとのことでした。

自分の強みではなく、課題に目がいき、自分で自分を追い込んでしまっていると感じた私は、「何を期待しているか、リーダーとして何が足りないか」とチームメンバーに直接聞いてみることを提案しました。最初は躊躇していましたが、このままでは問題解決できないため、勇気を出して聞いたところ、「もっと私たちを頼ってほしい」という言葉が返ってきたそうです。本来の彼女の良さは、メンバーとの距離感が近く、メンバーに寄り添った言動ができることでした。ところが、社員になったことで、今まで以上に責任感が生まれ、頼られるリーダーになるために、弱い部分を見せず、１人で悩み、１人で問題を抱えている状態に陥っていたのです。メンバーは「社員になって肩に力が入りすぎているよね」という話をしていたそうです。

リーダーという役割になると、どうしても自分の中にあるリーダーとはこうあるべきという視点で自分を見てしまいます。でもその視点は、メンバーの期待と一致しているとは限りません。ぜひ、一度メンバーに聞いてみましょう。

あなたの果たすべき役割がわかれば、その役割を担うために、あなたのどの強みが活かせるでしょうか。そして、役割を担うことは、自分のモチベーションの源泉とどう繋がりますか。

これらを自分に問いかけて、Will、Can、Mustの重なる部分を見つけてください。こうして自己認識、自己理解を深めることで、リーダーとして結果を出す状態を作ることができます。

5 メンバーの強みがチームを強くする

自己理解ができれば、次は、他者理解です。メンバーについても同様に、Will、Can、Must のフレームワークで考えてみてください。

ＵＳＪでは、このフレームワークをもとに開発したキャリアシートを使って、1年に1回、自分自身を振り返り、自己理解を深め、未来に向けて考える機会を作っていました。私がキャリアシートを開発する際に大事にしていたのは、自分の強みを認識し、どこでどう活かすかを考えてもらうことです。

組織は、働く人の強みを活かすことが大事です。人を採用するとき、担当者は弱みではなく、強みを評価し、職場にいい影響を与えてくれるかどうか、役割を担えるかどうか、結果を出すかどうかを見ているはずです。

ところが入社後は、自分も周囲も弱みや課題を改善することへ目を向けがちです。人は足りない部分に目がいくからです。もちろん、周囲に悪影響を与えている状況は改善する必要があります。ただ、それは強みを活かすことで補えないのか、強みを増やすという視点でアドバイスし合えないかと考えることが必要ではないでしょうか。

リーダーがチームを作るときは、強みを活かす視点で役割分担を考え、強みを活かし合い、弱みを補い合える組み合わせで連携させることです。

そのためには、リーダーが、メンバーそれぞれの強みを把握することが必要です。前述した強みを書き出すポイント5つをメンバーに伝え、本人に書き出してもらいます。リーダーは、普段からメンバーを観察し、他者目線で強みを書き出します。それを共有し、どの強みを活かしたいのか、増やしたい強みはあるのか、それはなぜなのかと問いかけ、メンバー自身のモチベーションの源泉となることを探ります。

リーダーがメンバーの Will や Can を理解できていれば、メンバーに期待していることや、メンバーが果たすべき役割を伝えるときに、「あなたの○○という強みを活かしてほしい」「あなたが高めたいと言っていた○○を経験できる機会になる」というように、モチベーションに配慮した伝え方ができます。

例えば、来年の新人育成を担当してほしいと伝えるときに、「年齢が一番近いから」という理由ではなく、「○○さんの周囲への気遣いや仕事の正確さを見ていて、この役割を任せたいと思いました。先日の営業先訪問のときも、メンバーのことをフォローしていましたよね。新人に教えることは、自分の仕事の振り返りもでき、業務改善への気づきも得られるから、以前、課題だと言っていた作業効率を高めることにも繋がりますよ」と伝えることができます。どちらの言い方が、メンバーが役割に対して前向きな姿勢になるかは、明白です。

私はメンバー一人ひとりを知り、理解するために「○○さんプロファイル」を作っていました。

1枚目には、前職情報、異動や昇降格、評価履歴といった基本情報と会話の中で得た家族構成、趣味などのプライベート情報を事実情報として記載します。

2枚目は、Will、Canです。Can は前述した本人が自覚している強みと私が思っている強みを書き、私が思う強みは、気づいたときに追加していきます。そのときは、具体的にどういう場面で何があったから強みだと考えたのかも記載します。

3枚目は仕事や面談記録です。仕事は、担当している仕事とその結果、プロセスでよかった点や気になった点です。そして、評価面談などの度に、どのような対話になったか、相手の反応はどうだったか、どんなフォローが必要だと感じたかなどを書き溜めていきます。


このプロファイルは作成するのが大変そうだと思われますが、最初に基本情報さえ記載すればあとは都度足していくため、1回1回に時間がかかりません。相手の情報が必要なときに思い出す作業をするよりも、断然効率がいいと思います。

メンバーの情報を集め、自分の意見や感想も記録しておくことで、メンバーとの接し方を工夫することに繋がります。仕事の役割分担を決めるときや、新たな役割を依頼するとき、昇降格や異動など環境変化を伝えるとき、アドバイスや指摘をするときには、プロファイルを見ながら情報を確認し、少しでも効果的に伝えるにはどうすればいいかと考える助けになっていました。

人を相手にすることなので正解はありませんが、**相手の情報をもとに自分の言動を工夫することで、いい結果が生まれる可能性は高まります。**

メンバー同士が強みを活かし合うことができるチームを作るには、まずはリーダーがチームメンバー一人ひとりを理解し、強みを活かしてチームに貢献できる役割や連携を作り出すことが必要です。メンバーを知ることがチーム作りには欠かせません。

第3章

ポジティブ感情でチームを前進させる

1 「感情」はコントロールできる

リーダーが、安定的に継続的に、前向きなエネルギーを発していると、メンバーの前向きな言動が増え、チームが目的達成に向けて自走します。

一方、リーダーがイライラしていると、メンバーが安心して仕事ができず、リーダーの顔色を見て仕事をするようになります。

リーダーがやらされ感で仕事をしているとメンバーも仕事を惰性で行います。

リーダーに自信がないとメンバーが不安になります。

このような状況は避けたいものです。

近年「フキハラ」という言葉を聞くようになりました。これは不機嫌ハラスメントの略で、不機嫌な態度により、周囲に不快感を与えることを意味します。機嫌が悪いことは誰にでもあることですが、それが態度や口調を通して表現されることで、周囲に悪影響を及ぼします。

私が行う新人研修でも、リーダーに求める要素として、丁寧な指導、責任感、決断力、寄り添う姿勢など、以前より聞かれた要素に加え、「感情に波がない」「機嫌に振り回されていない」「メンタル安定」という要素が多く出てくるようになりました。

でも、リーダーも喜怒哀楽の感情を持っています。他者や環境に影響を受け、感情の波が起こります。ストレスも感じますし、気持ちが沈むときもあります。これ自体は悪いことではなく、誰もが持つ感情です。

必要なのは、感情の波が起こったときに、いかに自分をコントロールして周囲への悪影響を最小限にするかです。

アメリカの精神科医ウイリアム・グラッサー博士が提唱した心理学に「選択理論」があります。

脳の働きをもとに人間の行動がどのように決定されるのかを理論化したもので、**すべての行動は自らの選択である**と結論づけています。

その中で人間の行動は、「行為」「思考」「感情」「生理反応」の4つに分けられ、これらの要素が絡み合って行動が構成されるとしています。

この中で、直接コントロールできるのは「行為」と「思考」です。車にたとえると、前輪にあたります。ハンドル操作も前輪を動かすことで後輪が動きます。

後輪にあたるのが「感情」と「生理反応」です。「行為」と「思考」を動かすことで、「感情」と「生理反応」を間接的にコントロールすることができます。

例えば、「汗をかいてください」と言われても汗は出てきませんが、体を動かせば汗をかくことができます。

「悲しんでください」と言われても、何もなければ悲しむことはできませんが、過去の悲しい出来事を思い出すと気持ちが湧き起こってきます。

つまり、私たちは、**「行為」と「思考」を自ら選択することで、自分の「感情」と「生理反応」をコントロールできるのです。**

選択理論

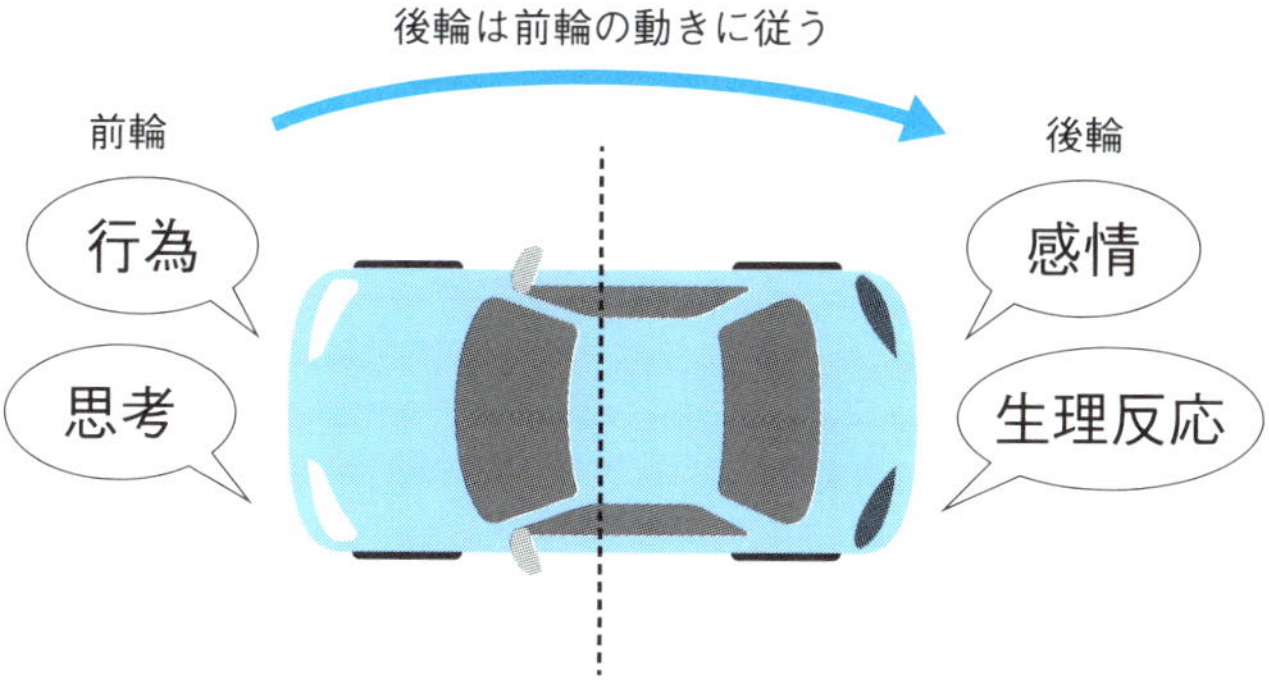

「感情」と「生理反応」は間接的にコントロールできる！

車のハンドルを握っているのは自分です。自分でハンドルを動かし、車を前に進めるのです。イライラしたり、落ち込んだり、やる気がなくなったとしても、心の中を他者が覗くことはできません。リーダーが「思考」を働かせて冷静になり、他者に見える「行為」をコントロールすることができれば、チームは安定します。

2 ネガティブ感情を手放す

人は、誰もがネガティブな感情が溜まるコップを持っています。日々の生活の中で、少なからず水が溜まります。大事なのは、コップの水がいっぱいになる前に対処することです。

いっぱいになると、通常時であればできることが、できなくなってしまいます。

普段は聞き流せる言葉にひっかかり反論する、いつもなら冷静に対応できる場面で感情的になる、言葉を選んで伝えるよう意識しているのに攻撃的な言葉を使う、5分でできる仕事に2倍、3倍と時間がかかる、というようになります。

このように**コップの水が溢れそうになる状態では、冷静に自分をコントロールすることはできません。**

ネガティブな感情が溜まるコップ

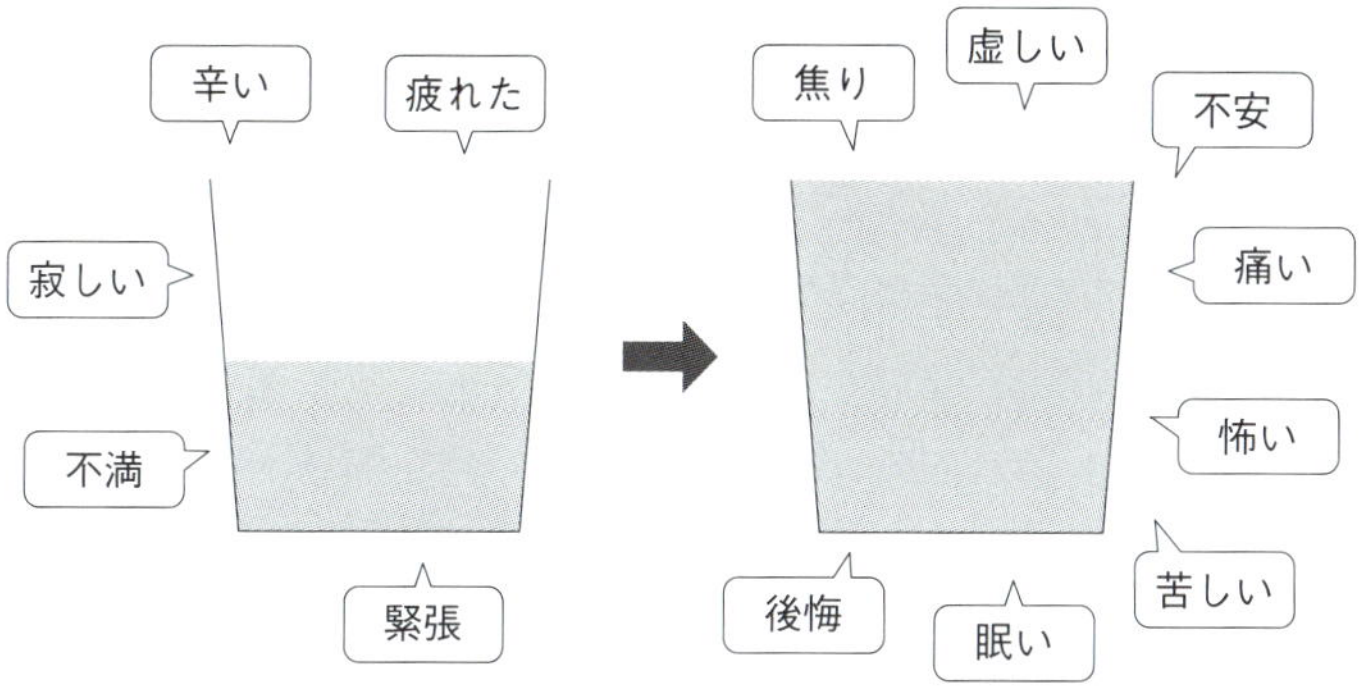

ネガティブな感情が溜まるコップの水がいっぱいになると
普段できることができなくなったり、ちょっとした刺激で溢れてしまう。

だから水を溜めないようにします。コップに水を溜めないお勧めの方法は、コップに穴を開けることです。小さい穴でも開いていれば、いっぱいになることを防げます。ネガティブな感情を抱いたときにすぐに手放すことができれば水は溜まりません。

自分の感情の切り替え方法、ネガティブ感情を手放す方法の1つ、**「ストレスコーピングリスト」**をご紹介します。コーピングとは、対処する、切り抜けるという意味があります。つまり「ストレスコーピングリスト」とは、ネガティブな状況を切り抜け、自分を回復させるための方法をリスト化したものです。

「ストレス発散法や、やる気が出ないときの切り替え法は何ですか？」と聞かれると、1つや2つは思い浮かぶのではないでしょうか。それを書き出して可視化します。そして、できるだけ多くの選択肢を持つために、項目は100個を目標にしてみてください。

可視化することで、手放す方法を自覚でき、自覚することで活用することができます。多くの選択肢を持つことで、ストレス場面、ストレス相手、ストレス強度に合わせて使い分けられます。

書き出すときのポイントは2つあります。

1つ目は、**「仕事中にできることも書く」**です。

仕事終わりや休みの日に行うことだけではなく、仕事中にもできることを考えてください。仕事中に、感情の波が発生した際、その場でネガティブ感情を手放したいからです。

理不尽なクレームを受けてモヤモヤしたまま次のゲスト対応をすると、表情や言葉に出てしまい、またクレームになってしまいます。上司から怒られて落ち込んでいる状態が長引くと、仕事でミスをします。メンバーの言動に腹を立てていると、別のメンバーへの口調がきつくなります。そんな連鎖を起こさないためにも、その場で手放せるといいですよ

ストレスコーピングリスト例

- ●ゴミ袋がいっぱいになるまで断捨離する
- ●「アルジャーノンに花束を」を読んで泣く
- ●「宇宙兄弟」を読む
- ●映画「キューティ・ブロンド」を見る
- ●ライブに行って騒ぐ
- ●焼肉を食べる
- ●目覚まし時計なしで寝る
- ●ZWIFTする
- ●スタバの「ホワイトモカ・キャラメルソース追加・熱めのホット」を飲む
- ●ファイリングする
- ●シュレッダーする
- ●靴を履き替える
- ●深呼吸をする
- ●上を向く
- ●笑顔を作る
- ●顔体操をする
- ●好きな音楽を聴く
- ●ハンカチにつけたアロマの香りを嗅ぐ

ね。

パソコンの前に座っていても、会議中でも、接客中でもできること、思いつきませんか？

例えば、**「深呼吸をする」**。いつもよりゆっくり息を吐くことで副交感神経が優位になり、リラックス効果が得られます。

また、**「上を向く」**というのも効果があります。ネガティブな状態のときは目線が下にいきます。それを物理的に上に向けることで切り替えます。目線だけでなく、首を大きく後ろに傾けて上を向くと、首の筋肉が緩むことでよりリラックスし、冷静になれます。

私がパークの現場で接客をしていたときは、好きなアロマの香りがついたハンカチを使って小さなストレスをその場で手放していました。

これは、接客が上手で、いつも笑顔で安定した対応をしていた同僚に教えてもらった方法です。毎朝好きなアロマの香りをしのばせたハンカチを持ってきて、モヤっとしたときに、この香りを嗅いで切り替えているとのことでした。香りを嗅ぐと脳がリラックスすることを覚えているため、簡単に感情を切り替えられるようになります。

接客現場でハンカチを出しても違和感はなく、ゲスト対応時でもできると、これまた素敵な笑顔で話してくれました。


2つ目は、**「心の持ちようではなく、やることを書く」**です。

「ゲストをおもてなしするという意識をしっかり持たなきゃ」ではなく、「ハンカチの香りを嗅ぐ」がお勧めです。


私は多忙を極めていたとき、チームメンバーから「話しかけるなオーラが出ています」と指摘されたことがあります。

自分でも余裕がなくなっていることは気づいていましたが感情をコントロールできず、

チームに対して「フキハラ」に繋がる状態を作ってしまっていました。勇気を出して言ってくれたメンバーに感謝し、反省した結果、私は自分の性格を変えなければと考えました。

でも、そう簡単に理想の穏やかな性格にはなれず、変わらない自分に腹が立ち、落ち込みます。その結果、今度はメンバーに心配や不安を抱かせてしまいました。そこで、もう性格は変えられないと開き直りました（笑）。

そして、自分がネガティブな空気を出していると気づいたら、スマホを持って事務所から一番遠いお手洗いに行き、好きな音楽を聴いてから席に戻るという行為を選択しました。数分のことですが、それで自分の感情をコントロールでき、席に戻ったときにはネガティブなオーラが消え、チームに与える影響を改善できました。最初は何度もお手洗いに行く必要がありましたが、慣れてくると、脳内で音楽を再生するだけで同様の効果が得られるようになりました。

「楽しいから笑うのではなく、笑うから楽しいのだ」という心理学者ウィリアム・ジェームズの言葉があります。

口角が上がり、表情筋が動くと、「今楽しいのだ！」と脳が勘違いをしてくれます。そして脳から全身にポジティブメッセージが流れ、その後、心がついてきます。根性論と言われがちな「辛いときこそ、笑え！」というのは、実は根拠があるわけです。
心の持ちようや性格を変えるという視点ではなく、「何かやる」ことで、手放しましょう。

この2つのポイントを押さえて、ぜひストレスコーピングリストを作ってください。書き出すことで、自分にはストレスを手放す方法に選択肢があることに気づきます。また、もっと方法を増やすことを意識するようになります。私のように他者が行っている方法を試してみることも効果的です。新しい方法が見つかれば、どんどんリストに追加してください。

そして、ストレスコーピングリストは、メンバーへのアドバイスにも活用できます。メンバーがネガティブな感情になり、仕事やチームに影響を与えている場合は、ストレスコーピングリストから、参考になりそうなものを経験談も交えて伝えてみます。「私はクレームを受けてモヤモヤしたとき、ハンカチにつけたアロマの香りを嗅いでいるよ。誰の前でもできるからよかったら試してみてね」のようにです。

経験談を交えることでリーダーもネガティブな状況に陥ることがあるとわかれば、自分だけではないという安心感が生まれます。また、リーダーが実際に行っている方法であれば納得感があり、メンバーが対処法の選択肢として取り入れやすくなります。

伝え方も「あなたはこうしたほうがいい」というYOUメッセージより、「私はこうしている」というIメッセージで伝える工夫をすると、さらにアドバイスを受け入れやすくなります。

リーダーもメンバーも、ネガティブな感情を持たないようにするのではなく、手放すことを習慣にします。皆が自分の機嫌は自分で取り、安定的にいい状態を作り出すことでチームが安定します。

3

仕事の価値を決めるのは自分

あなたは、今の仕事に価値を感じていますでしょうか。

組織で働いていると、必ずしも自分の望む仕事ができるわけではなく、嫌々行う仕事も出てくるかもしれません。上司の方針に納得していなくても推進する立場になればやらなければいけないこともあります。仕事がおもしろく感じられず、やる気が起こらないこともあります。

そんなときの選択肢は2つです。今の組織から離れるか、そのまま続けるか。

続けると判断したのであれば、目の前の仕事に価値を見出し、仕事にポジティブに取り組める状態を作らなければ、時間がもったいないです。どうせやるなら、楽しめるほうが得ですから。

仕事の成果を評価するのは他者ですが、仕事の価値を決めるのは自分です。そこに価値を見出せるかは自分次第なのです。

価値を見出し、自覚するには、「あなたの仕事は何ですか」と聞かれたときに、何と答えるのかを考え、文章化することです。

ＵＳＪのアルバイト採用担当時、面接会で職種紹介をする役割を現職のリーダーにお願いしていました。

1回で数百名を採用するテーマパークでは、同時に20種類以上の職種を募集することが多く、認知度の高いアトラクションやお土産店での仕事に希望が集中しがちです。そこで他の選択肢も持ってもらうために、職種説明をしたうえで面接を受けてもらいます。このときに、どう職種説明をするかが、希望者が確保できるかどうかに影響します。もちろん入社後のミスマッチを起こすわけにはいきませんので、事実をもとに価値を見出した表現を各リーダーが工夫します。

「飲食店で食器や調理器具を洗浄する仕事です」を「美味しい料理を食べるとき、みんなが笑顔になります。清潔なお皿に美味しそうなハンバーグが載っているから笑顔になれるのです。私たちは、食器や調理器具を丁寧に洗浄し、いつでも清潔な状態を保つことで、料理を通じてハッピーを届けるお仕事です」と伝える。

「ゲスト誘導を行い、キャラクターの安全を守るお仕事です」を「キャラクターと接する場面がゲストにとって最高の思い出になるように、案内、誘導することで安全を確保するお仕事です。そしてキャラクターの魅力が活きるよう、ゲストにもキャラクターにも笑顔で接し、楽しい場作りをすることです」と伝える。

「エンターテイナーの衣装を修繕するお仕事です」を「エンターテイナーが常に気持ちよく着られる衣装を提供し、最高のパフォーマンスを行える状態を作ります。魅力的なショーをお届けすることで、ゲストに、より思い出に残る素敵な時間を過ごしてもらうお仕事です」と伝える。

具体的な作業内容の説明はもちろん必要です。でもその前に、**自分たちの仕事の価値を認識することで、仕事に対するワクワク感が醸成され、目的に向かって自走する原動力になります。**

まずは、リーダーが今の自分の仕事の価値について考えてください。そして、メンバーに仕事や役割を伝えるときに、どのような言葉で表現するのが効果的かを考えてください。

メンバーが不安にならないよう気をつかった結果、リーダーが「大した仕事じゃないから大丈夫」と言ってしまうと、メンバーは安心感を得るよりも、期待されていないと感じ、モチベーションが下がるかもしれません。

リーダーが部門の方針に納得がいかないまま、「営業成績昨年比30％アップを目指すことになりました。無謀な目標だと思いますが、とりあえずやっていきましょう」と言ってしまうと、結局何が目標なのかが曖昧になり、メンバーに目標を達成するための思考が生まれません。

自走するチームを作るためには、メンバーがどういう思考を持つかが大事です。それをサポートするのがリーダーにできることです。

私が支援をしている組織のあるリーダーは、営業サポートの仕事に就いていたメンバーが、「毎日事務処理に追われるだけで、成果も自分の成長も感じられない」と不満を持っていて、対応に困っていました。相談を受けた私は、リーダーに「その部下の仕事は何ですか」と聞いたところ、「担当の営業がスムーズに仕事ができるようフォローすること」と答えました。

確かに間違ってはいません。しかし、残念ながら、サポートする側であるメンバーは仕事の意義ややりがいを感じられません。仕事の価値の話を伝え、メンバーにも同様に考えてもらってはどうかと提案しました。

結果、不満を持っていたメンバーが考えた末に出してきた「私の仕事」は、「営業担当が集中して仕事に向かえる環境を提供することで、受注精度を高めることに貢献し、自社製品の価値向上に繋げる仕事です。また、資料作成やデータ収集・分析のスキルを高めることができ、多様な業態の取引先の情報を得て社会人としての知見も広げられる仕事です」というものでした。そして、それを言ったあと、「こう考えると、明日からも頑張ろうと思えた」と言ってくれたそうです。

メンバーが目の前のことに主体的に取り組むためには、まずはリーダーが仕事の価値を認識し、前向きなメッセージを発信できる状態を作ることです。そして、メンバーに対する仕事や役割についての説明を工夫することで、メンバーが仕事の価値を自覚できれば、仕事への取り組み方がポジティブなものへと変化します。

4 （自分とメンバーの）承認欲求を満たす

「人の欲求は5段階に分類でき、低い階層の欲求が満たされると次の段階の欲求を求めるようになる」というマズローの欲求段階説があります。

もっと成長したい、もっといいチームを作りたいなど、理想の実現に向けた前向きな向上心である5段階目の「自己実現の欲求」を生むには、承認欲求が満たされることが必要です。

承認欲求は、認められたい、評価されたいという欲求です。

上司から褒められたり、チームメンバーから頼られると、認められたという満足感が得られ、さらに高みを目指していくポジティブな向上心が生まれます。

マズローの欲求段階説

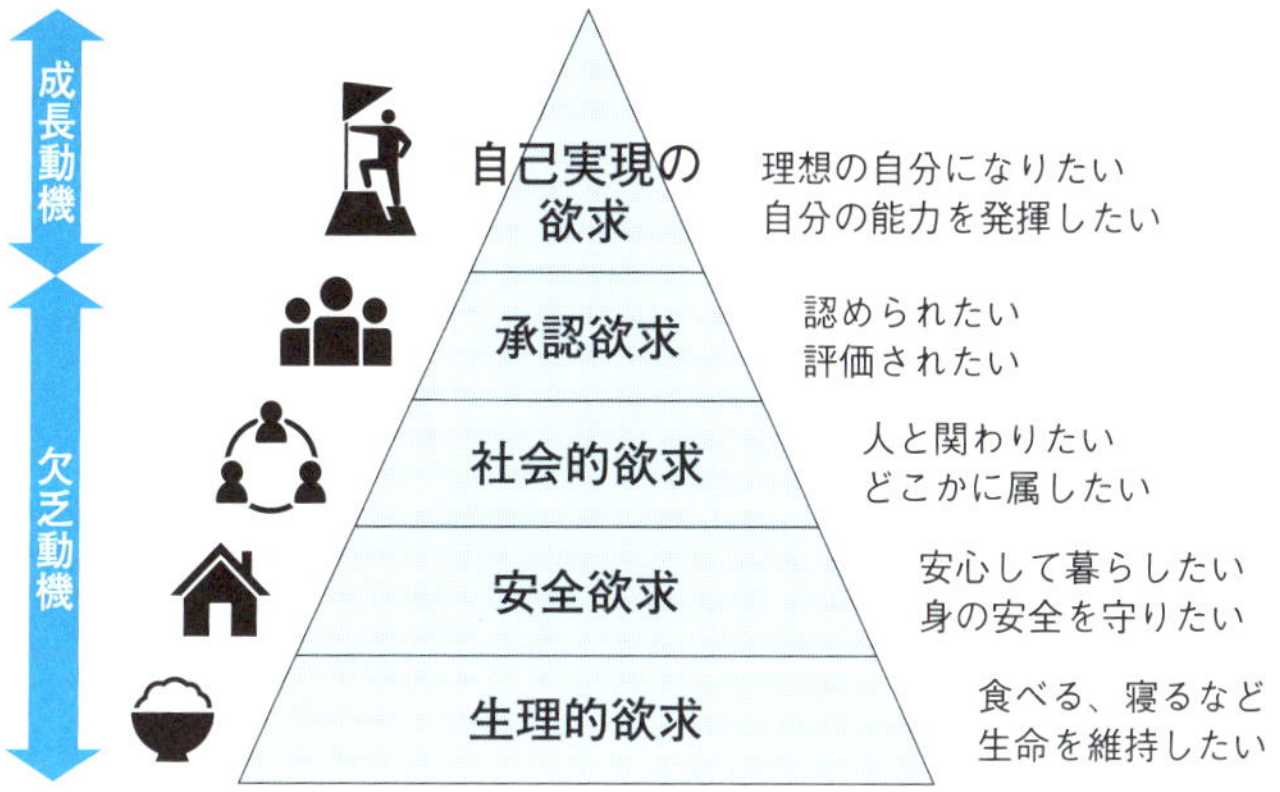

一方、承認欲求が満たされない状態だと、自分に自信がなくなったり、「やるだけ損だ」と無気力状態が生まれたりしてしまいます。リーダーがこの状態になってしまうと、自信を持って判断や指示が出せなくなり、メンバーの承認欲求を満たす余裕もなくなります。ただ、リーダーが褒められる機会は多くはありません。

あなたは最近、いつ褒められましたか？と聞かれても、思い出せない人もいるのではないでしょうか。どんなに頑張っていても、必ずしも周囲から認める言葉をかけられるとは限らず、承認欲求は満たされないことが多いものです。

そんなときに必要なのが、自分で自分を認める力、自己肯定感を高めることです。**自分自身で承認欲求を満たし、ポジティブな状態が生まれれば、自信を持ってメンバーと接することができます。**それがメンバーにも好影響を与えます。

承認欲求には、「低位の承認欲求」と「高位の承認欲求」があります。

低位は、先述した誰かに褒められたい、認めてほしいという欲求です。これは他者次第のため、コントロールができません。周囲から褒められたい、家族にもっと感謝されたい、SNSの投稿に「いいね！」を押してもらいたいと思っても、望む通りにはなりません。

一方、高位は、他者にどう見られるかではなく、自分軸で達成感を覚えることで、自分に対し満足を得る欲求です。

こちらは自分次第です。他者に依存するのではなく、自分でコントロールができます。そして、行為や思考で対処し、自己肯定感を高めることができます。

そもそも人は本能として、ポジティブな情報よりネガティブな情報に目が向く傾向があります。褒められたことより注意をされたことが記憶に残りやすく、成功したことより失敗したことを思い出してしまいやすいものです。これを「ネガティブ・バイアス」と呼びます。

このバイアスは、狩猟時代の生存競争を生き抜くために危険を察知する能力として人間が身につけてきた経緯があります。

ネガティブ感情にも役割があり、ゼロにする必要はありませんし、できません。ただ、このバイアスが強すぎると悲観的な思考に陥りがちになるため、自己実現の欲求が生まれにくくなります。

アメリカの心理学者バーバラ・フレドリクソンは、ポジティブ感情とネガティブ感情の理想の割合は、3：1だと言っています。この割合が分岐点になり、**ポジティブ感情の割合が3：1以上になると、物事が今まで以上にスムーズに動き出すのです。**なお、8：1以上になるとネガティブな面が見えなくなり、弊害が起こります。バランスが必要です。

平均的には2：1が多く、心が疲れている状態では、1：1以下になるそうです。

そのため、普段から意識して、承認欲求を満たし、ポジティブ感情を抱く工夫をする必要があります。

私自身、自己肯定感が低く、行動を控えてしまう傾向があります。そこでポジティブ心理学や行動心理学などの理論を体系的に学び、意図的にポジティブ感情を抱く機会を増やしてきました。

その中で、すぐに始められ、効果的だと思ったものを3つご紹介します。

①「今日よかったこと3つ」を日記につける

1日の終わりに、手帳やノートに今日のよかったことを3つ書き出します。

物事のポジティブ面を見る習慣を身につけるために行いますので、よかったことの大小も、他者から見ていいかどうかも関係ありません。自分が「いいこと」だと思えばそれでいいのです。

例えば、昨日の私のよかったことは「青空と澄んだ空気の中で犬の散歩ができて気持ちよかった」「取引先のメールにイラっとしたが返信する前に一呼吸おいて冷静になってから返信できた」「読まないといけない本を半分読むことができた」です。

②ネガティブな出来事の「よかった点」を探す

起こったことを棚卸しし、ネガティブな経験の中にあるポジティブ要素に視点を向けます。まずは何があったのか、どんな感情になったのかを書き出し、出来事と自分の感情を受け止めます。そのうえで、その経験のよかった点はないか、その経験で得たことや次に繋がることはないかを問いかけて、ポジティブな言葉で表現します。

例えば、「大事な会議での発表の場で話しすぎてしまい、上司に途中で遮られた。とても悔しかったし、端的にうまく話せない自分に腹が立った」と受け止めたのちに、「でも、みんなが躊躇する中で発言できたことはすごい！　もっとうまく話したいという向上心も湧いた」となります。

物事にはポジティブ面、ネガティブ面の両面があります。どのような経験にもポジティブ面がありますので、見つけてみてください。

③「やること付箋」を剥がして捨てる

達成感を得ることで、ポジティブ感情を持ちます。

育児休暇があけて職場に復帰し、時短勤務をしていた方が「毎日時間内にこなすことが多すぎて、何ができて、何ができていないのかわからなくなる。そして、何も終わらせることができないまま時間になってしまい、自分にがっかりしながら帰っている」と打ち明けてくれました。

具体的に昨日何をしていたのかを聞いていくと、とても多くの業務を行っていました。でも、本人に実感がないのです。

そこで提案したのが、タスクを1つずつ付箋に書いてパソコンに貼り、1つタスクが終わるごとに付箋を剥がしてゴミ箱に捨てることです。朝貼った付箋が、帰るときには確実に減っています。それを見ることで、達成感を得ることが大事なのです。ToDoリストを書いて、終わったら線を引いて消すでも構いません。

なお、付箋を捨てるときは、くしゅくしゅと丸めて「よし終わり！」と言いながら捨てましょう。リストに線を引くときは、目立つ色のペンを使って「はい、頑張りました〜」と言って線を引きましょう。そうすることで、さらに効果アップが図れます。

後日、その方は笑顔で「私けっこう頑張っていると思えるようになりました」と報告してくれました。

リーダーが自信を持ち、ポジティブな向上心が生まれている状態で、仕事やメンバーと接することが大事です。自分の承認欲求を満たす方法としてこの3つを使ってみてください。

そして、ポジティブ感情とネガティブ感情の3：1という割合は、チームにおいても同様の効果を生み出します。何もしなければネガティブな状況に陥りやすいため、チームメンバーの承認欲求を満たす働きかけが必要なのです。

「私はチームに貢献できている」「私はチームにとって必要な存在である」と自信を持ってもらえる状態を作るために、リーダーから積極的に感謝の言葉や認める言葉をかけ、メンバー間でも承認欲求を満たし合えるような状況を作り出します。

USJには、クルー同士が感謝や賞賛を伝え合う「Hand IN Hand」という仕組みがありました。複写式の名刺サイズのカードに、「朝会うときにいつも笑顔で挨拶してくれてありがとう。元気になれます」「先日は相談に乗ってくれてありがとうございました。挑戦してみますね」「今日の会議での発言すごくよかった。これからもどんどん発言してください」など、相手のいいなと思ったことや感謝したいことがあった際に、その気持ちを書いて相手に渡すというものです。複写になっているのは、1枚は相手に、もう1枚は回収ボックスに入れるためです。回収ボックスに集まったものは、定期的に集計をして、多くもらった人だけでなく、多く渡した人も表彰される素敵な仕組みでした。

最初はなかなか利用する人が少ない状況でも、まずはリーダーから渡していると、もらったときの嬉しい経験に繋がり、次第にメンバー同士やメンバーからリーダーへも渡されるようになっていきました。

このような取り組みは、もらった人の承認欲求が満たされるだけでなく、

●メンバーのいいところを見つけようという意識が働く
●渡すとき、渡されるときに、笑顔のコミュニケーションが生まれる
●渡す側も相手の喜んでいる状態を見ることで、貢献できたという満足感が得られる
●カードに書かれた行動を繰り返すようになり、チームにプラスの行動が増える

という効果をチームに与えてくれます。

カードは作れなくても、付箋に感謝を書いて渡したり、メールの最後に一文でも感謝の言葉を入れることはできます。

朝礼やチームミーティング、四半期報告会などの場で、感謝の言葉をかけ合う時間を取ることもできます。

最初は照れてしまうかもしれませんが、きっと、メンバーは笑顔になりますよ。その状況を見て、またリーダーのポジティブな感情も高まるという好循環が回り始めます。

第4章

チームの強固な土台は人間関係で作られる

1 人間関係が与える影響

リーダーとメンバーとの間に信頼関係があると、リーダーの指示や指導、アドバイスや指摘をメンバーは素直に受け入れることができます。スムーズなコミュニケーションが取れるので、リーダー自身もメンバーも仕事がしやすくなります。

信頼関係がなければ、どんなに伝える内容がよくても、「あなたには言われたくない」と思われ、伝わりません。人は、何を言われるかの前に、「誰に」言われるかが影響するからです。同じ指摘をされても、Aさんに言われると素直に聞けるのに、Bさんに言われると受け入れられないといった経験をしたことはないでしょうか。

人は「理性」と「情」を持ち合わせています。頭では理解していても、心が言うことをきかない場合があります。

そのため、人に動いてほしければ、「理性」と「情」を同時に動かす必要があります。メンバーが頭で理解できて、「やろう」という感情も湧いている状態を作るということです。リーダーの言葉を受け止めて、行動に繋げてもらうには「この人の言葉を聞こう」という関係性が必要となるのです。

そして**メンバー間に良好な関係ができれば、メンバーの相乗効果を発揮し、1＋1＝2以上のチーム力を発揮します。**どんなに一人ひとりが自走していても、それが独りよがりであれば、足を引っ張り合う状況が生まれます。

また、人間関係に課題を抱えることで、本来持っている個々の力を発揮できない状態となります。メンバー同士が信頼し、協力し合う関係性ができれば、心地よく働くことができ、個人の力もチームの力も高まるといういい効果が生まれます。

このように人間関係はチームの成果に欠かせない要素です。

マサチューセッツ工科大学のダニエル・キム教授が提唱した「組織の成功循環モデル」は、まさに人間関係の重要性と成果への影響について述べています。「関係の質」「思考の質」「行動の質」「結果の質」の4つの質の好循環サイクルを生むことが、成功への原動力を高め、チームの持続的な成長を実現するというものです。

▼4つの質

関係の質：相互理解や信頼関係ができていて、職場の風通しがよく、人間関係が良好な状態

思考の質：自由闊達な対話による思考の活性化や、協力し合う思考が生まれている状態

行動の質：目的達成に向けて助け合って行動する、新たな挑戦をするといった積極的かつ効果的な行動が発生している状態

結果の質：質の高い行動により、売上や利益、顧客満足度などの結果が向上する状態

リーダーとメンバー、メンバー間の「関係の質」が高まるとコミュニケーションが活発になり、前向きな思考や新しいアイデアの発想など「思考の質」が高まります。

組織の成功循環モデル

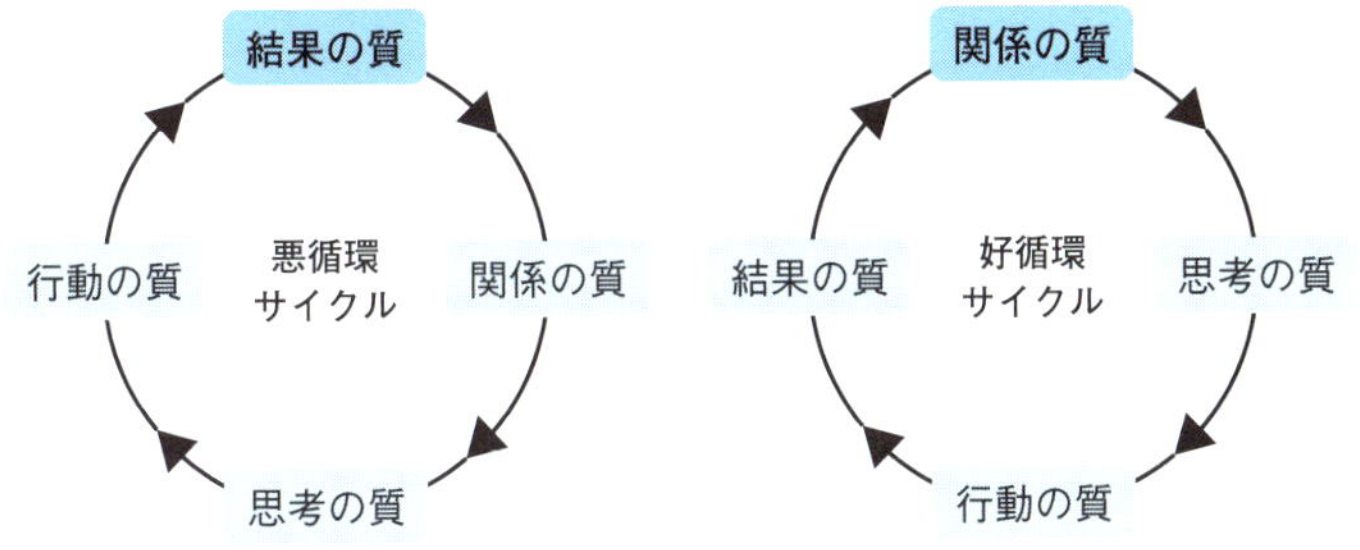

「思考の質」が高まると、考えて動く、協力し合うといった「行動の質」が高まります。

「行動の質」が高まると、商品が売れたり、来客数が増えたりといった「結果の質」が高まります。

「結果の質」が高まると、チームの雰囲気もよくなり、メンバー間の信頼や感謝も増え、また「関係の質」が高まります。

この好循環サイクルは、「関係の質」が起点となります。チーム内の人間関係を改善、向上させることで好循環サイクルが回り始めると、チームが自走し始めます。

これとは反対に、**悪循環サイクルも存在します。こちらは、「結果の質」が起点になります。**

売上が落ちて「結果の質」が下がると、要求がきつくなったり、対立や原因の擦りつけ合いが起こることで

「関係の質」が下がります。
「関係の質」が下がると、責任逃れや失敗を恐れるようになり「思考の質」が下がります。
「思考の質」が下がると、自分がよければという独りよがりな行動や消極的な行動に繋がり「行動の質」が下がります。
「行動の質」が下がると、さらに「結果の質」が下がってしまい、そしてまた「結果」を改善しようとするため、パワハラや強制、行動規制に繋がることがあります。

残念ながら、このような悪循環に陥ってしまっているチームもあるのではないでしょうか。

結果を出さなければいけないというプレッシャーを抱えているリーダーや、会社の変革期のリーダー、新たな立場に就いたリーダーなどがいるチームは悪循環に陥りやすくなります。

組織の変化が起こるときには、変化に取り残される不安やポジションがなくなる不安、評価を得なければという焦る気持ちを抱き、結果を急いでしまうのです。

結果を追求することは悪いことではありません。ただ、メンバーに成果を過剰に求める行動は、チーム内の不安感が高まり、メンバーも無理をして自分を大きく見せる言動をしたり、自分を守ろうとして失敗を恐れたりするようになります。その結果、考えることを停止し、独りよがりな行動を起こします。

このような状況では短期的な結果が出たとしても、継続的に結果を出し続けることは困難です。リーダー自身もメンバーも疲弊し、挑戦が生まれず改善ができなくなるからです。

もしこのような状況になっているリーダーがいれば、ぜひ、一度視点を「結果」から「関係」へ変えてみてください。

人間関係は、1日でできるものではなく、日々の積み重ねで構築されていきます。今の忙しい状況やプレッシャーを抱えている状況では、中長期的な視点で取り組むのは難しいと思うかもしれません。

でも、**1日でも早く「関係」に取り組み、あなたの言動の信頼性を高め、メンバーが協働する状況を作ることで、「結果」がついてきます。**今のままでは悪循環から抜け出せないのであれば、遠回りだと思えることでもやってみる価値はあります。

今見直しをすれば、1カ月後、1年後、チームメンバーもあなたも働きやすく、そして結果も出せる状態になっています。

継続的に結果を出し続けるためには、まずは土台作りが必要です。リーダーとメンバーの関係性、メンバー間の関係性を良好なものにすることが、チームの強固な土台となります。

2 関係性を高めるために重要な心理的安全性

関係の質を高めるために大事なことは、心理的安全性の確保です。

心理的安全性は、ハーバード大学のエイミー・エドモンドソン教授が1999年に提唱した、「対人関係において、リスクのある言動をしても安全であるとチーム内で共有されている状態」を指しています。

職場内で異なる意見を言っても、評価が下がったり、人間関係が悪化したりすることはない、という安心・安全のもと、自由闊達にコミュニケーションを取り、相互理解・相互作用を生むのが心理的安全性です。

エドモンドソン教授が提唱した心理的安全性が、広く知れ渡るようになったきっかけがあります。

それは、グーグルが効果的なチームを可能にする条件を研究した「プロジェクト・アリストテレス」です。

このプロジェクトで、成果を出すチームには、**「誰がチームのメンバーであるか」ではなく、「メンバーがどのように協力しているか」のほうが重要である**という結果が出ました。

そして、この中で最も重要な要素が「心理的安全性」と位置づけました。


グーグルの研究報告書では、このように書かれています。

「心理的安全性とは、対人関係においてリスクのある行動を取ったときの結果に対する個人の認知の仕方、つまり『無知、無能、ネガティブ、邪魔だと思われる可能性のある行動をしても、このチームなら大丈夫だ』と信じられるかを意味します。心理的安全性の高いチームのメンバーは、他のメンバーに対してリスクを取ることに不安を感じていません。自分の過ちを認めたり、質問をしたり、新しいアイデアを披露したりしても、誰も自分を馬鹿にしたり罰したりしないと信じられる余地があります」

つまり、**心理的安全性のあるチームというのは、「こんな質問をすると馬鹿だと思われるだろうか」「反対意見を言うと面倒くさい人だと思われるだろうか」「新たなアイデアに違和感を持たれるだろうか」「失敗を認めると二度と立ち上がれなくなるのだろうか」という不安を抱く必要はなく、安心して、発言や行動ができるチームのことです。**そして、そのようなチームが、成果を挙げられるということなのです。

エドモンドソン教授は、心理的安全性が低い環境では、対人関係の4つの不安が生じ、仕事の生産性や質に悪影響を及ぼすと説いています。

❶ 無知と思われる不安

こんなことも知らないのかと思われる不安です。

質問をしたときに「それぐらい自分で考えて」と言われたり、「以前も同じこと説明したよね」と言われることで、自分が無能だと思わされた経験はないでしょうか。このような不安を抱くと、質問や相談ができない状態が生まれます。質問をして意見のすり合わせを行わないため、理解がズレたままや曖昧な理解のまま進めることになり、ミスが起こりやすく、効率が下がります。

❷ 無能と思われる不安

こんなこともできないのかと思われる不安です。

リーダーという立場で異動したときや経験者採用で中途入社した場合など、保有する資格を活かす業務に配属された方からよく聞かれる不安です。周囲に「これぐらいはできるだろう」という期待があることで、その期待を裏切ることへの不安が生まれます。「できない」と言えないことで、ミスやクレームを隠したり、失敗を素直に認められないという状況が生まれます。

❸ 邪魔だと思われる不安

自分の言動が誰かの邪魔になるという不安です。

会議で違和感を覚えても発言しなかった経験はないでしょうか。意見を言うことで場の空気を乱したくない、「あなたがいなければまとまったのに」と思われたくないという気持ちが、発言を控えたり、アイデアを出さないという状態を作ります。積極的な情報共有や

対人関係の4つの不安

無知	無能
こんなことも知らないのか と思われる不安	こんなこともできないのか と思われる不安
邪魔	**ネガティブ**
自分の言動が邪魔だ と思われる不安	いつも反論、否定している と思われる不安

意見交換ができず、相互理解や新しい提案が生まれにくくなります。

④ネガティブだと思われる不安

いつも反論、否定していると思われる不安です。

私が新入社員のとき「異論があったら何でも言ってね」と言われたので反対意見を述べたら、「自己主張が強い。建設的な意見をお願いします」と言われました。その後、周囲の目を気にするようになり、意見が言えなくなりました。

当時の私の言い方が悪かったことも原因ですが、若手が放った反対意見に対し、このような反応をすることで、他者と異なる意見が言いにくくなり、十分な議論ができない状態が生まれます。その結果、懸念やリスクが見逃されたり、偏った意思決定がなされ、改善が起こりにくくなるのです。

皆さんのチームは、この４つの不安が生まれていませんか？

さまざまな人と関わりながら仕事をする限り、このような対人関係の不安はゼロにはなりません。でも、不安を少しでも和らげ、やることの不安よりも、やったことのメリットのほうが大きいと感じられることが大事です。チームのため、よりよい仕事のための言動が損をする状況は誰でも避けたいですよね。

言動をリーダーやメンバーが受け入れ、認め、賞賛することで、「さらに言動したい」と思ってもらえれば、次も積極的な言動が生まれるはずです。そして、その積極的な個々の言動が、チームの活性化に繋がります。

3 チームの羅針盤を作る

心理的安全性は、安心して自分の意見を言える環境があることだとお伝えしました。ただし意見は、あくまでチームの目的、仕事の目的を達成するためにするものです。個々が好き勝手に意見を言えればいいわけではありません。メンバーの向いている方向がバラバラであれば、意見の矛先が間違ったものになる可能性があります。

そうならないためには、メンバーの目指している方向が同じであること、メンバーがチームのためにどのような行動を期待されているのかを知っていることが必要です。

1 目的を共有する

「目的」は、物事を考える際の目指す方向です。目指す方向が見えていなければ道に迷い、道を間違ってしまいます。目的を共有することで、進む方向がバラバラにならず、同じ方向を向いて仕事をすることができます。途中、迷ったとしても羅針盤となって、立ち返ることができます。

リーダーは、チームの目的を言語化し、共有することで、自分たちがどこを目指して言動すればいいのかをメンバーに示します。

そのために、リーダーは、

- どんなチームを作りたいと思っているのか
- チームで成し遂げたいことは何か

を考えてください。それが、チームの存在意義であり、チームの目指すべき姿です。

ＵＳＪのＶ字回復時は、経営層からの目的の共有ができていたことで、働く側の理解を深め、同じ方向を向くことができたと私は考えています。

ＵＳＪには、社内のコミュニケーションを活発にし、社内の縦の繋がり、横の繋がりを推進する目的で導入された社内ＳＮＳ「Youpi」がありました。経営陣もアルバイトクルーも利用でき、双方向のやり取りが可能です。個人の発信やコミュニティを作ることも自由にできます。

この中で、経営方針や各部門の取り組みも発信されていました。

例えば、飲食部から、新メニューの開始時期、今回の新メニューの狙いや魅力、担当者の想いなどが発信されます。プレスリリースやＣＭを見て、新メニューを知るのではなく、こうして社内にいち早く、詳しく情報発信がされるようになったのです。

それまでも経営方針発表会はありましたが、さらに、会社が行う施策の意図やゴールが見えやすくなりました。新アトラクション導入に向けた経営判断の理由や判断に至るまでのプロセスを知ることができます。また、人事制度の変更に関して、変更の目的や変更への懸念に対する回答など、本当に幅広く情報が得られます。

情報を受け取ってそれをどう活かすかは受け手次第ではありますが、そもそも情報がなければ、考える余地も工夫する余地もありません。社内SNSを使った経営層からの発信、それに対するクルーの疑問や不安の投げかけが起こり、双方向のコミュニケーションにより、今まで見えにくかった施策の目的が見えやすくなったのです。

どんな施策にも、経営層や各部門のリーダーが考えている「目的」があるわけです。いち社員である私では想像ができない視点での、考えや意思決定があるのです。それが見えるか、見えないかで、動く私たちの理解が変わります。

変革期において、変革の背景を想像することができたことで、さまざまな変化を受け入れ、共感し、協働する人が生まれ、V字回復へと繋がる原動力になったのではないかと思います。

チーム内でも同様の効果を作り出すことができます。

チームの目的、新たな取り組みの目的、そこに込めたリーダーの想いを共有してください。**リーダーの視点とメンバーの視点は違いますので、伝えなければ、メンバーは各自で判断し、バラバラの解釈になってしまいます。**メンバーが目的を理解し、同じ方向を向いて言動ができれば、チームとしての協働が生まれます。

2 ガイディング・プリンシプルを作る

ガイディング・プリンシプルという言葉があります。ガイディングは、導く、指導する、指針となるという意味があり、プリンシプルは、原理、原則と訳されます。つまり、**ガイディング・プリンシプルというのは、チームメンバーを共通の目的に向かって導くための道しるべです。**どのような行動を期待しているのか、どのような行動を取れば、目的達成に繋がるのかを示すものです。

会社には、行動規範や従業員に期待する行動、コンピテンシーなどという言葉で表現された、従業員に求める行動があります。企業のホームページを見ると、たいてい書かれていますね。「法律を遵守します」「誠実に行動します」「安全を最優先にします」など。

例えば、ザ・リッツ・カールトンの「クレド」や、トヨタ自動車の「トヨタウェイ2020」が有名です。USJでも、私たちの姿勢を「OUR VALUES」と称して、8つの行動を掲げています。

各チームで作るガイディング・プリンシプルは、会社の方向性と連動している必要があります。リーダーが勝手に指針を作り、メンバーを導いた結果、会社が求めている行動と相違があれば、メンバーは人事制度に照らし合わせると評価されません。また、リーダーや所属チームが変わった際に、大きく変化を求められることになります。

そこで、会社が設定している求める行動を自分たちのチームに落とし込みます。「誠実に行動します」をチームで言うと何のことなのか？ どういう場面で、どんな判断や言動をすることなのか？ を伝えます。

例えば、私が人事マネージャーをしていた当時、社員に共通で求められていた行動が「Everything is possible. Swing the bat! Decide now. Do it now.（すべては可能だ。だからバットを振ろう！ 今決めて、今やろう！）」という言葉で表現されていました。失敗を恐れず挑戦すること、スピード感を持って行動することを求めているスローガンでした。これを受けて、私のチームでは、「『どうしたらできるか』と声かけをし合う」というガイディング・プリンシプルを作りました。

例えば、「予算がなくてできない」という言葉が出たら、「予算をもらうにはどうする?」と問いかけます。

「期限までに面接資料を提出してくれない」なら、「どうしたら、期限通り出してくれるようになるかな」。

「研修に遅れてくる、途中で抜ける人がいて困る」なら、「どうすれば時間通りに来たくなるかな」「どうすれば仕事を忘れて研修に集中できるかな」。

このような声かけをし合うのです。

「○○がないからできない、○○してくれない」と不満を言うことはまったく問題ありません。誰だって、吐き出したい不満もあります。しかしそのあと、「状況を打開するために、何ができるか」という思考になれるように働きかけ合うことを求めたのです。それが、挑戦に繋がり、スピード感を持って課題を解決することに繋がると考えていました。

このようにチーム内での求める行動を一つひとつ決め、共有します。

そして、このガイディング・プリンシプルを浸透させ、行動を継続してもらうには、**求める行動を起こした際に、認め合う、賞賛し合うことが大事です。**

ＵＳＪでは、前述のスローガンを浸透、促進すべく、Swing the bat したチームや個人を表彰する Swing the bat Award がありました。

これは、社内でどのような Swing the bat が起こっていたのかを知る貴重な機会でした。具体例が示されるため、どのような行動が求められているのかがイメージしやすいのです。その結果、チームや自分への落とし込みができ、各職場でも Swing the bat が起こるという好循環になりました。

私も一度 Swing the bat Award を受賞したことがあります。ガンペル・アカデミー（43ページ参照）を導入したことへの受賞でした。

導入したときは、反対意見もあったため、本当によかったのか少し不安も持っていました。でも受賞したことで、この行動が組織や誰かの役に立っていると実感でき、挑戦してよかったのだと思うことができました。そして、もっと挑戦しようという意識が生まれ、ユニバーサル・アカデミーを活性化させる行動へと向かいました。

これをあなたのチームでも行ってください。

「その行動がいい」と声をかける、「その行動のおかげでうまくいった」と感謝する、「その行動の結果、〇〇のような変化が生まれた」と共有するのです。そうすることで、どのような行動をすればいいかの認識が深まり、行動促進へと繋がります。また、認められた本人のモチベーションが上がり、さらなる行動が期待できます。

4 心理的安全性を高めるリーダーの行動6選

チームの目指す方向、そこに向かってどのような行動をすればいいかという羅針盤が作れたら、リーダーの日々の言動によって、心理的安全性を高めます。リーダーへの信頼感を高め、メンバー間の関係性を良好にするのです。

特別なことをする必要はありません。日常の仕事、日々のメンバーとのやり取りを少し工夫することで、環境を作っていきます。

効果的なリーダーの6つの行動をご紹介します。ぜひ「WESTIE（ウェスティ）」で覚えてください！

1 We（私たち）

積極的に「私たち」という言葉を用います。

「○○さんはどうする？」は「私たちはどうする？」に、「○○さんはこうしたほうがいい」は「私たちはこうしたほうがいい」に置き換えます。

業務がスムーズにいかず、チームで改善の話し合いをする際には「私たちが今やっていることを洗い出そう」「私たちが今足りないのは何だろう」「私たちができることは何だろう」と伝えます。そうすることで、**誰か1人の問題ではなく、チームの問題という意識が共有され、一緒に解決しようという意向が伝わります。**

さらに、この人なら、このチームなら一緒に考えてくれるという安心感が、メンバーに生まれます。

2 Eye（目）

朝礼や会議など複数のメンバーが集うとき、自分の視線を意識的にコントロールします。

無意識の場合、視線を向けるメンバーに偏りが出ます。うなずいてくれるから、関係性ができているから、素直にいつも聞いてくれるから、など理由はさまざまですが、いずれもリーダーに悪気はありません。でも、**目が合わないメンバーへ与える影響は大きく、不安や不快な気持ちを与えてしまいます。**

私は最近、携帯電話を購入すべく店舗に夫婦で行った際、なぜか店員は夫ばかりに説明をして、私を見てくれないという経験をしました。そのとき私は、「何か気に障ることしたかな？」と不安になり、「私に説明してもわからないとでも思っているのかな？」と馬鹿にされている気がして不快になりました。そして、話を聞く気がなくなり、結局は、その店舗での購入はしませんでした。視線の配り方は、接客や営業の基本スキルとされるぐらい大きな影響を及ぼします。

このように、**視線という非言語情報が他者へ与える影響は大きいものです。目が合わないと、心理的安全性で述べた4つの不安を抱きやすくなります。**

ただ、視線は無意識に自分の感情が出やすいものであり、特に身近な存在や毎日接している人であればあるほど、意識ができていないものです。だからこそ、意識する必要があります。意図的に、平等に満遍なくメンバーへ視線を向けてください。

そして、リーダーが気をつけたいことがもう1つあります。

それは、**メンバーから声をかけられたら、手を止めて、目を見て返事をするということです。つまり、「ながら対応」はしないということです。**

「ながら対応」とは、「〇〇しながら××する」ということ。

例えば、メンバーから「少しお時間いいですか？」と声をかけられたときに、パソコンの作業を続け、パソコン画面に視線を向けたまま「なになに？」と返事をするようなことです。これは、声をかけてきたメンバーよりも、パソコン作業が大事だというメッセージを与えてしまう行動です。

忙しいとついやってしまうもので、これも悪気はありません。でも、「ながら対応」をされたメンバーは、「声をかけるタイミングが悪かったかな」と不安になり、次から声がかけにくくなります。

数秒手を止めて仕事が滞るリスクと、「ながら対応」をしてメンバーに不安や不快な気持ちを与えるリスクを考えれば、断然、手を止めて、目を見て返事をしたほうがいいわけです。

日常のちょっとした行動、リーダーが悪気なく行っている行動で、心理的安全性が損なわれるのはもったいないことです。ぜひ、自分がどこを見ているのか、誰を見ているのかを意識し、コントロールしましょう。

3 Self-Disclousure（自己開示）

リーダーは完璧ではなく、知らないこともある、できないこともある、間違うこともあるという事実を開示します。そして、メンバーそれぞれが持っている不安に、リーダーが共感を示すことで、メンバーの不安を取り除きます。

最近耳にした言葉で「テルハラ（電話ハラスメント）」があります。電話対応に苦手意識がある従業員に電話対応をさせることを言うそうです。

この言葉の是非は置いておくとして、電話対応に不安を感じる人は多いのではないでしょうか。それは、固定電話を使用したことのない若者だけではなく、私たちの世代でも同じです。私も社会人になって最初はすごく緊張しましたし、できれば電話を取りたくないと思っていました。当時、電話を取った瞬間に受話器を落として切ってしまったり、何度聞いても相手先の社名が正確に聞き取れず、先輩が社名を書いたメモをそっと差し出してくれたりと失敗経験を繰り返しながら、電話対応に慣れていきました。このような失敗経験や当時の自分の気持ちもメンバーに伝えます。

リーダー自身も同じような不安を抱えた経験があることを開示し、一般論ではなく、自身の経験や感情を具体的に伝えることで「この人も同じ不安を抱えていたんだな」「私も慣れれば、この人みたいになれるかな」と思い、苦手意識のあることに挑戦する意欲が湧いてきます。

メンバーから質問をされて、リーダーが答えられないときは、「今すぐに答えられないから、調べて回答します」と伝えます。リーダーも知らないことがあって当然ですし、それを伝えることで、メンバーが抱く無知や無能だと思われる不安を解消することに繋がります。

リーダーよりも、メンバーのほうが、スキルが長けているときは、「教えてほしい」「意見がほしい」と伝え、頼ります。もちろん頼りっぱなしではなくバランスが必要ですが、頼ることによって、メンバーは役に立てているという安心感を得ます。

リーダーが指示を間違うことや、意見を変えなければいけないこともあります。リーダーの言動に苦言を呈されることもあります。間違いが事実であれば素直に認め、頭を下げればいいのです。

メンバーの前では、リーダーらしくあるために強がってしまったり、なめられないように振る舞うこともあるかもしれません。完璧であろうとする方もいます。リーダーとしての鎧は必要なこともあります。でも、**完璧なリーダーはいませんし、もし完璧だとしたら、メンバーは自分とリーダーを比較して自信を持てず、不安が高まる可能性もあります。**

リーダーが失敗や反省、弱い部分を見せることで、メンバーが持つ不安や課題は自分だけではないと思えます。また、リーダーを助けようという気持ちがメンバーに生まれることもあるのです。

4 Together（一緒に）

チームメンバーで一緒に行動し、経験を共有できると距離が縮まり、関係性がよくなります。

USJには、福利厚生の一環で、ハロウィンやクリスマスなどの季節イベントやソフトボール大会や駅伝といったスポーツイベントなど、クルーが一緒に楽しめるイベントが多く実施されています。

例えば、駅伝大会はパーク閉園後に行われ、クルーがパーク内を駆け抜けます。普段は走ることができないパークを全速力で走り、タスキを繋いでゴールを目指します。沿道では多くのクルーが独自の応援グッズを使って声援を送ります。もちろん参加は希望制で、強制ではありません。それでも毎年、参加枠を超えるエントリーがあり、大人気のクルーイベントです。

アルバイトも社員もリーダーもメンバーも一緒になって職場でチームを作り、練習を重ね参加します。走る人だけでなく、応援する人も一丸となってチームで取り組むことで、楽しみながらチーム力を高めることのできる機会となっています。

このようなイベントでなくても、**仕事の中で、一緒に取り組める機会を設けることができないかを考えてみてください。**

例えば、私はアルバイト採用面接会を行う際、担当者だけでなく、新卒採用や中途採用の担当者、研修担当者も一緒に準備や運営を担ってもらい、チームで取り組む体制にしていました。もちろん、そのための業務調整は事前に行い、無理のない予定を組んでの全員参加です。1日に数百人の応募者が訪れ、面接官は各部門から十数人参加する大規模な取り組みです。チーム全員で前日から準備を整え、当日は連携して運営を担います。1日中走り回って疲労感たっぷりですが、最後の撤去作業のときは、なぜか笑顔なんです。アルバイト採用担当者はチームメンバーへ心からの感謝をし、他のメンバーは、いつもと違う経験を通じて、達成感を得られているからではないかと思います。

同じ時間を共有し、ともに達成感を味わえる経験をすることで、共感が生まれます。共感が生まれるとお互いの距離が縮まり、一体感が醸成されます。

5 Interest（関心）

リーダーがメンバーに関心を持ち、関心があることを表現します。

私は、研修で上司やチームメンバーからのコメントを集めて、メッセージカードとしてサプライズで渡すという仕掛けを講じることがあります。メッセージカードには、メンバーに対して「チームに貢献していること」「強み」「改善してほしいこと」「期待していること」をリーダーが書き、チームメンバーからは感謝や応援の一言メッセージを書きます。

メッセージカードを渡したときに真剣な眼差しで読み進める方、ときどき笑顔がこぼれ照れくさそうにされている方、涙を流される方などさまざまな方がいます。ただ、共通して言ってくれるのが、「リーダーやチームメンバーがこんなに私のことを見ていてくれたとは思わなかった」そして、「見ていてくれて嬉しい」ということです。

このような感情を持つと、カードに書かれている改善点を素直に受け入れたり、リーダーやメンバーに対する感謝や自分の役割に対する意識が高まります。そして、さらにチームのために頑張るという意欲が醸成されやすくなります。人は自分に興味、関心を持ってくれる人に、関心を寄せるからです。

チームメンバーに関心を持っていても、それが心の内だけでは、残念ながら伝わりません。ともに働くメンバーは他人同士ですので、心の中や頭の中は覗けないからです。**関心を持っていることを表現するには、相手を見ている中で得た「事実」を積極的に口にしてください。**

例えば、「落ち込んでいたAさんに声をかけてくれていたね」「朝一番に電話に出てくれていたね」「会議で意見を出してくれたね」と伝えるのです。

無理に褒めてほしいわけではありません。「褒める」となると、自分の期待を超えるレベルの結果が出ていないと言葉が出てきにくいものです。できて当たり前と思っていることも、できているという事実があるので、口にして伝えてほしいのです。

見た事実を伝えるだけで、「見てくれている」という安心感が生まれ、また「チームの役に立てている」という自信に繋がります。

リーダーが率先して言葉をかけることで、声をかけられたメンバーの経験は、次の人に声をかける行動となり、チーム内に広がっていきます。

メッセージカード例

木内 さんへ　　梅原 より

チームに貢献してくれていること

いつも優しい口調と笑顔で、周囲とコミュニケーションをとってくれて、ありがとう！　先日も自ら先輩に声をかけて、過去の経験ややり方を確認していましたね。忙しい職場なので、時々話しかけにくい雰囲気もあるかと思いますが、木内さんの積極的な声かけは、チームを明るく、優しくしてくれています。本当に感謝しています。

強み・良いところ

- 取引先や他部署、チームメンバー、誰に対しても安定して気持ちのいい丁寧な対応ができる
- 周囲の小さな変化にも気づいて、自ら声をかけることができる
- 電話応対が上手!!　最初は躊躇していたようですが、チャレンジしましたね。今ではみんなのお手本です。

今後、意識してほしい課題点

木内さんの意見やアイデアをもっと聞かせてもらえると嬉しいです。以前に提案してくれた議事録フォーマットの見直し、とても効果的でしたよ。遠慮なく、もっと自ら発信してくれることを期待しています。

期待していること&応援メッセージ

木内さんがいてくれることで、チームの雰囲気がよくなっています。連携することの多い営業部からも、木内さんは仕事がしやすいという声が届いていますよ！　今持っているコミュニケーション力や相手の立場になって言動できる強みを今後も活かしてほしいと思っています。私も、よりよいチームになるよう取り組んでいくので、木内さんの力を貸してください。これからも一緒に楽しみながらいい仕事をしていきましょう！

チームメンバーより

木内さんはいつも安定していて仕事がしやすいです。わからないことがあれば、いつでも聞いてくださいね！　吉田

ちょっとピリピリしていることが多い職場ですよね(笑)でも皆さんいい仕事をするための意見は歓迎してくれます！　ぜひ木内さんの視点で改善点や提案をどんどん言ってもらえると嬉しいです！　私はピリピリしないように気をつけます〜！　佐々岡

木内さんの朝の挨拶はとっても心地よくて感謝！　疲れていても、私も頑張ろう〜って思えます。いつもありがとう！　斉藤

お客様に寄り添う対応、尊敬しています。私も木内さんみたいに対応できるよう頑張りますので、これからもいろいろと教えてもらえると嬉しいです！　鈴木

6 Energy（エネルギー）

ＵＳＪで働くクルーの心構えとして言われていた、「Show your energy!（エネルギー全開でいこう）」という言葉が私は好きでした。

ゲストに笑顔になってもらうためには、提供する側のクルーが笑顔でいることが大事です。とはいえ、クルーも日々、感情は変わります。出勤時に前向きな状態ではない場合もあります。そんなときも、クルー同士で挨拶して元気になれたり、朝礼で気持ちを切り替えたりすることができれば、ゲストと接するときには笑顔でいられます。

例えば、朝礼で「バックドラフト！」と全員で大きな声を出してハイタッチしたり、ペアで向かい合って無言でジャンプし続けた結果、体がほぐれると同時に笑いに包まれるという経験をすると、「さあ、今日も頑張るか！」という気持ちが湧いてきます。

チームでエネルギーを与え合い、高め合って仕事を開始することで、「エネルギー全開」でゲスト対応ができるのです。

メンバー一人ひとりのその日の仕事への取り組み方、一緒に働く人と協力する意欲、苦手な仕事や苦手な人とも向き合えるか、明日も前向きに出社できるかどうかなどは、リーダーが前向きな言動のエネルギーを発するかどうかで変わります。

ポジティブなエネルギーなのかネガティブなエネルギーなのか、どちらのエネルギーを発するかは、自分次第です。常にポジティブなエネルギーを持ち、発し続けるのは至難の業です。でも、**リーダーの表情や言葉1つで、チームのパフォーマンスに影響を与える事実は変えられません。だから、少しでもいいエネルギーを表情や言葉で伝えていくことを意識して取り組むことが大事です。**

リーダーは**自身の表情や使っている言葉を客観視し、日常の言動を工夫します。**

例えば、挨拶や朝礼という1日の始まりの場で、ポジティブなエネルギーを発するように心がけます。これは心理的安全性の高い環境を作ることに効果があります。

挨拶は、意識して行っていますか。

毎朝挨拶していても、無意識にネガティブなエネルギーを与えてしまっては意味がありません。

効果的な挨拶のポイントは、相手の目を見て、明るくすることです。それをいつでも誰に対しても同じように行います。昨日は笑顔で明るく挨拶した人が、翌日はうつむいて不機嫌そうに挨拶をするという光景を見たことはありませんか。もしリーダーがそれを行えば、不機嫌な挨拶をした日のメンバーの仕事の目的が、「リーダーの顔色をうかがう」になってしまいます。報告するにも、質問するにも、リーダーの顔色を見ながら行う、ときにはリーダーとの接触を避けることもあるでしょう。そうなると仕事の生産性が落ちてしまいます。

挨拶はスキルです。挨拶を交わしたあと、相手に心地よい時間を過ごしてもらうために提供しているものです。だからこそ、自分の感情に左右されず、安定的に効果的な挨拶を行うことが大切です。

そして、挨拶は、人と人との繋がりの第一歩。メンバーがお互いポジティブなエネルギーを与え合える挨拶で一日を始めるために、まずはリーダーから始めてください。


朝礼は、事務的になっていませんか。

朝礼は、連絡事項を伝える場であると同時に、今日1日のモチベーションを高める場でもあります。資料を見ながらボソボソと連絡事項を伝えるのではなく、メンバーの目を見て、笑顔で、大きな声で連絡事項を伝えるだけでも違います。

「昨日はこんなミスがあった。気を引き締めるように」と駄目出しから始めるのではなく、「昨日はとても忙しかった。皆さん冷静に乗り越えてくれてありがとう。1点ミスがあったので共有します」と言い方を少し工夫するだけで、受け止め方が変わります。

昨日の嬉しかったことを報告し合う、1週間頑張った自分への褒め言葉を口にするなど、数分の時間でできるポジティブなエネルギーの共有も効果的です。

ラジオ体操など体を動かす職場もあります。体を動かすことで眠気やだるさを解消し、筋肉の緊張もほぐれることでリラックスできます。

サービス業だと朝礼で、笑顔練習や挨拶練習をするところも多いですね。

笑顔練習は「はい、真顔」「次に微笑み」「最後は思いっきり笑顔！」と3段階声かけをし、隣同士で顔を見ながらやってもらいましょう。自然と笑顔や笑いが生まれます。

挨拶練習で大きな声が出ていたら、「今日も元気いっぱいですね。その調子で、笑顔で仕事しましょう」とリーダーがさらに場の空気を温めてください。

挨拶や朝礼など日常的に行っているものから、リーダーがエネルギーを生み出す工夫ができれば、チーム全体のエネルギーが高まります。すると、ポジティブな空気の中で、コミュニケーションが取りやすくなります。コミュニケーションが増えると、心理的な不安が解消され、他者との壁も取り除かれ、チームの目的達成のための自由闊達な意見交換が生まれます。さあ、エネルギー全開でいきましょう。

リーダーが言動を工夫することで、チーム内の心理的安全性が高まり、関係の質が改善され、チーム力が発揮されます。ぜひ、「WESTIE」のどれか1つでもやりやすそうなものから始めてください。

効果を実感したら、2つ目を取り入れてみましょう。その結果、一歩一歩着実に、リーダーとメンバー、メンバー間の関係が好転し、自走型チームの実現へ向けて強固な土台ができていきます。

第5章

リーダーの考え方が自走するチームを作る

1 リーダーに必要な「USJ」

自走は、自ら考えることから始まります。「私は何を求められているのか」「私は何ができるのか」を考えることにより、「私は何をするか」と行動を起こすことへ視点が向くからです。

そのため、自走を実現するには、行動を起こす思考力が必要です。**変化が大きく、答えのない時代だからこそ、この思考力がより求められるようになりました。**

2020年度に改定された文部科学省が定めている学習指導要領には、育成すべき資質・能力として3つの軸が示され、その1つが「理解していることをどう使うか（思考力、判断力、表現力）」とされています。この新学習指導要領が発表された際に、このように書かれていました。

「グローバル化や人工知能・ＡＩなどの技術革新が急速に進み、予測困難なこれからの時代。子供たちには自ら課題を見つけ、自ら学び、自ら考え、自ら判断して行動し、よりよい社会や人生を切り拓いていく力が求められます」

子供の頃からこのような視点での学びが必要とされている時代なのです。


リーダーがどのような考え方をし、どのような行動に繋げていくかがチームの自走に影響します。

ＵＳＪには、社員の採用基準や教育の軸として「We are USJ」というキーワードがありました。「Ｕ：Unique」「Ｓ：Smile & Smart」「Ｊ：Joyful」の頭文字を取って、「ＵＳＪ」です。

まさに、行動を起こすために必要な考え方が凝縮されているキーワードです。

▼Unique　ユニーク

常識や当たり前を超えて、新しいものを生み出す力です。

常識は、1つの見方であり、それだけが正解ではないはずです。でも、どうしても人は自分の常識に当てはめて考えます。また、他者や社会からの当たり前という枠にはめられて考えることが多くなります。

例えば、新卒採用時、「USJのメインキャラクターは何ですか?」とよく学生に聞かれたものです。なぜそのような質問がくるのかというと、「ディズニーにはミッキーマウスがいるから」です。当時は、ある辞書に「テーマパークとは、ディズニーランドのようなもの」と書かれているような時代のため、ディズニーランドと違うことをすると「おかしい」と言われることが多くありました。

質問をしてくれた学生に「テーマパークには、メインキャラクターが必要だと思いますか?」と問いかけてみました。そうすると考え始めます。「なぜ必要だと思いますか?」「USJにいないのはなぜだと思いますか?」とさらに問いかけていくと、これまで自分が当たり前だと思っていたことに疑問が生まれ始めます。

そこに正解はありませんし、正解へ導く必要もありません。大事にしてほしかったのは、「その当たり前は誰の当たり前?」ということです。

その常識は誰が決めたものなのか、その常識以外はおかしいことなのかと疑問を持ち、

「なぜ、そうなっているのか？」を考えることで、物の見方に選択肢が生まれます。「なぜ？」から始まり、「だから？」と考えていくことで、新しい挑戦ができるのです。

▶Smile　スマイル

自分も周囲もポジティブにする笑顔の力です。

笑顔は、不安を吹き飛ばし、困難な壁を乗り越える勇気をくれます。ポジティブなエネルギーで周囲を巻き込んでいく力を笑顔は持っています。

自分の感情をそのまま表情に出すことは簡単です。でも、その結果、相手を不快にさせ、不安を抱かせることがあります。リーダーがネガティブな感情を表情に出せば、メンバーはコミュニケーションを取ることを躊躇し、接することすら避けてしまうかもしれません。

今自分が何をすればいいのかを考え、自分の表情をコントロールすることも必要なのです。

目の前のゲストにいい時間を過ごしてもらうために笑顔という要素は不可欠です。上司へ提案をするとき、メンバーへアドバイスをするとき、チームで会議をするとき、どんなときも表情1つで相手に与える印象が変わり、結果も左右されます。

笑顔は伝播しますので、リーダーが笑顔でいることで、メンバーも笑顔になり、チーム内の心理的安全性が確保され、チームの自走力へと繋がります。

▼Smart　スマート

目的達成に向けて、できないことを探すのでなく、できることへ目を向ける力です。

働くうえで、制約はつきものです。人が足りない、予算がない、時間がない、はよくある状況です。上司がサポートしてくれない、メンバーが自分で考えて動かないといった他者に依存する課題もあります。

そんなときに、「○○がないからできない」「○○してくれないから無理」と考えても、何も解決しません。それどころか、一向に状況が改善されないことでストレスが溜まります。

変えられないものに目を向けるのではなく、変えられるもの、自分が影響を及ぼせるものに目を向けることが大事です。変えられるものの代表は、今の自分です。今の自分の考え方を「予算がないからできない」ではなく、「予算をもらうには私はどうすればいいか」「限られた予算内で私にできることは何か」と考えることで、工夫の余地が生まれます。工夫することで、未来の自分を取り巻く環境はよくなっている可能性があります。

できない理由を探すよりも、できることを考えるほうがワクワクします。制約の中で、自分にできることは小さな一歩かもしれません。でも、他人や環境のせいにするのではなく、自分に目を向けることができれば、目的達成へ向けて必ず前進します。

▼Joyful　ジョイフル

仕事をおもしろくする力です。


何をもって「おもしろい」と感じるかは個々で違いますが、どうせ働くならば「おもしろい」と感じられるほうが、モチベーションも上がり、自ら進んで言動することに繋がります。

もちろん、仕事は必ずしも「おもしろい」ものではないかもしれません。でも、「おもしろくする」ことはできます。目の前のことをどう捉えるかは自分次第だからです。

どうせやらなければいけないのであれば「どうすればおもしろくなるか?」と考えましょう。面倒だと思うことや苦手なこと、自分が納得できないことを行うとき、楽しめる要素を見つけることができれば取り組む姿勢が変わり、結果も変わります。いい結果が出るとさらにおもしろくなります。

どんな仕事もおもしろくできる人は最強です。だって、いつでもどこでも自分の意志で前に進めていけるのだから。

これが「ＵＳＪ」です。

今多くの組織で人材育成に携わる中で、この「ＵＳＪ」というキーワードは、リーダーが自走型チームを作るうえで大事な考え方だと実感しています。

「ＵＳＪ」の４つの要素に共通しているのは、物事をどのように捉えるかによって、思考の働きが変わり、結果が変わるということです。

大事なのは、「多角的に物事を捉える」という思考です。

2 捉え方の選択肢を持つ

ルビンの壺

上のイラスト、ぱっと見て何に見えますか？壺に見えた人もいれば、人の横顔に見えた人も、両方が見えた人もいますよね。これは有名な「ルビンの壺」です。事実は1つでも、どの角度から物事を見るかによって、見え方は違います。

多角的に物事を捉えるとは、物事には1つだけではなく、多角的な側面があることを理解し、自分が見ている角度を変えて物事を捉え、考える思考です。

人は、自分が見たいように物事を見ます。自分が持っている情報で物事を決めつけてしまう傾向があります。それは自然と行われるため、意識して角度を変える必要があります。

ここでは、多角的に物事を捉える思考を鍛える方法をご紹介します。

❶ ABCDE理論を活用する

アメリカの臨床心理学者アルバート・エリスが提唱した論理療法に「ABC理論」があります。


出来事（A：Activating event）が起こったときに、人は必ず自分の中にある信念（B：Belief）を通り、結果（C：Consequence）を得ます。出来事と結果の間には、必ず自分の中にある常識や価値観という信念が存在します。これが「捉え方」です。そして、その捉え方が結果に影響を及ぼすという考え方がABC理論です。

同じ出来事であっても、捉え方は人によって違うため、結果が変わります。

例えば、メンバーが期限を守らないという出来事があったときに、「社会人として失格

ABCDE理論

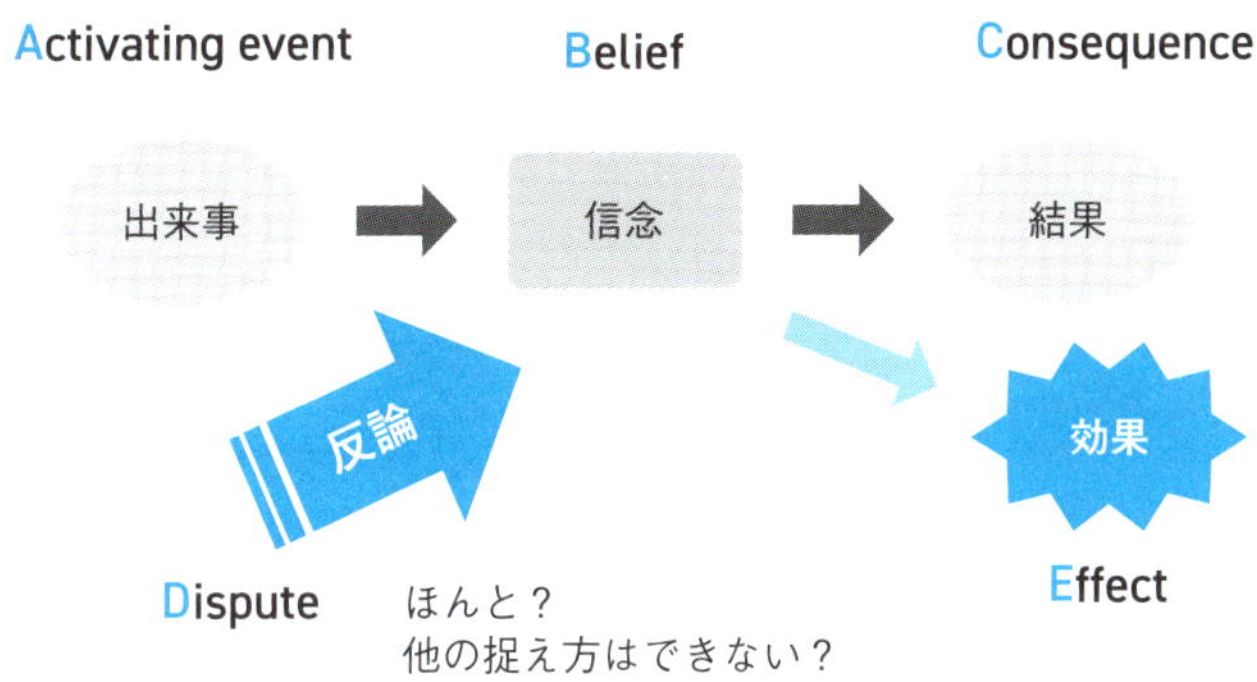

だ。やる気がない」「仕事を頼みすぎただろうか」「難易度が高かったのだろう」「悩み事があるのかもしれない」などリーダーによってさまざまな捉え方があります。その結果、腹が立ったことで厳しく叱責する、反省したので仕事の配分を見直す、がっかりしたためそのメンバーに期待しなくなる、心配したので面談の機会を作るなど、自分が持つ感情やその後の行動が変わります。

捉え方は、これまでの人生で経験したことや得てきた知識から作られた常識、価値観から成り立っており、人それぞれ違います。また、自分の願望や相手への期待値によっても変わります。どの捉え方がいい、悪いではなく、捉え方によって結果が変わるのであれば、自分の捉え方を工夫することで、いい結果を得られる可能性があるということです。

出来事自体は変えることができませんが、この信念の部分を論理的に書き換えることで、結果を変えることはできます。

信念（B）に対し、自分で反論（D：Dispute）をします。反論とは、「それは本当だろうか」「根拠はあるだろうか」「その捉え方をして私にメリットはあるだろうか」と問いかけることです。**反論によって思考が変化することにより捉え方の選択肢が増えます。その中からより効果的な捉え方を選択することで建設的な結論を導くことができます（E：Effect）。**それが、「ＡＢＣＤＥ理論」です。

これは、心理的問題を解決すべく提唱された心理療法ですが、「人は物事を自分の見たいように見ている」「自分の捉え方次第で結果が変わる」という点は、ビジネスにおいても同様です。

捉え方に正解はありません。間違っているわけでもありません。１つではなく、複数存在します。

自分の捉え方に反論し、物事に対して多角的な視点を持つことができれば、よりよい結果に繋がる行動を選択することができます。また、反論という思考を働かせることで、冷静になり、感情に任せた行動を抑えることもできます。

❷反論の第一歩は「無意識の偏見」に気づくこと

自分の捉え方には、無意識の偏見が影響するため、反論するのを難しくしています。**無意識の偏見とは、自分でも気づかないうちに人や物事を見る視点が先入観などから偏ることです。**無意識の偏見には、国籍や人種、性別、年齢、学歴、職種、見た目などさまざまな要素があります。

とある文章をご紹介します。


ある日、父親とその息子である少年が車で出かけた。

途中で交通事故に遭ってしまい、運転していた父親は救急病院への搬送中に死亡。

息子は意識不明の重体で救急病院へと運ばれた。

病院の手術室で、運び込まれてきた少年を見た外科医はこう言った。

「ああ……この少年は私の息子です」

この文章を読んで、違和感がありますか。「父親は亡くなったのでは？」と思った方もいるのではないでしょうか。そう感じた方は、外科医＝男性という無意識の偏見を持っています。

そう、外科医は、女医であり、母親であったということです。この物語は、無意識の偏見を語る際によく用いられるものです。

日常生活の中でも「血液型が○型だから几帳面だ」「○○県出身だからお酒が強い」「高齢者はＩＴリテラシーが高くない」「大企業に勤めているから安泰だ」という会話はありませんか。

子育て中の女性が、「飲み会に参加すると『子供は大丈夫？　子供のご飯はどうしてるの？』と聞かれる。同じく子育て中の男性にはそんなこと聞かないのにとモヤモヤする」と言っていました。「育児＝女性」「ご飯を作る＝女性」という無意識の偏見によって、悪気はなく、このような会話がなされます。

職場においても同様に、無意識の偏見が存在します。

「○○世代は打たれ弱い」「最近の若い人は昇格を望まない」「体育会系出身だから根性がある」「年上の部下は扱いにくい」「デジタルネイティブ世代はＩＴに強い」という自分の知識や経験から導かれたものや、「上司なんだからこれぐらい知っているだろう」「若手が率先して電話を取るべきだ」という相手への期待を込めたもの、「子育て中だから出張は無理だろう」「20代だからこのポジションを任せるのはプレッシャーがかかるだろう」と相手を気遣った結果のものなど、いくつもあります。

無意識の偏見は、誰もが持っているもので、決して持つことが悪いわけではありません。物事を判断するときに、無意識のうちに多くの情報の中から最適な選択ができるのは、経験から培われた捉え方ができている結果です。無意識の偏見は、素早く物事を判断するといういい効果もあります。

ただ、その捉え方が、ときにはメンバーを不快にさせ、ストレスを与えることになります。思い込みでの対応が仕事を滞らせたり、チームのモチベーションの低下を招いたりします。また、ハラスメントに繋がることもあります。だからこそ、自分には無意識の偏見があると認識し、反論をすることで、冷静に自分の言動を選択するのです。

無意識の偏見というと、人や物事へのネガティブな面を取り上げることが多いですが、リーダーとして見逃したくないポイントは、**ポジティブな視点も無意識の偏見になる可能性があるということです。**

例えば、「外資系企業出身の人は英語ができる」「大企業でのリーダー経験があるから優秀だ」「サービス業経験者だから思いやりがある」「〇〇大学出身だから賢い」などです。このような視点は、相手のいい面に目を向け、期待をしていますので、リーダーの視点として悪いことではありません。ただ、これにより、相手への期待値が高くなります。期待値が高まると、期待通りの結果を得ることが難しくなります。

同じ英語レベルの人が2人いるとして、一方が外資で働いていた人だった場合、その人に対してだけ「外資で働いていたのにそんなにできないのね」とがっかりしてしまうのです。目の前で起こっている状況は同じでも評価に差が出てしまい、公平な評価を阻害します。ポジティブな視点が悪いのではなく、その視点も無意識の偏見になっているかもしれないと気づくことが必要です。

3 思考の癖をつける

無意識の偏見に気づき、捉え方に反論し、多角的な視点を持つには、練習が必要です。脳科学の研究によると新たなスキルを定着させ、無意識にできるようになるまでは、18日～8カ月かかると言われています。時間はかかりますが、何度も何度も繰り返し行うと、思考の癖をつけることができるということです。癖になれば、当たり前のように脳内反論をするようになります。

では、練習してみましょう。以前、SNSで議論になっていた「ポテサラ論争」をテーマにABCDE理論に基づいて考えてみます。

A（出来事）：小さな子供を連れたお母さんがスーパーの総菜売り場でポテサラを選んでいた。

C（結果）：「ポテトサラダぐらい自分で作れ！」と高齢男性が言った。

これに対し、SNSでは、「ポテサラがどれだけ面倒かわかっていない」「母親も忙しい」といった高齢男性を批判する声が多く寄せられました。これがポテサラ論争です。

このSNSの真偽はさておき、この高齢男性の捉え方は何だったのでしょう。私の想像では、Aを見た高齢男性は、

B（信念）：子供には、母親の手作りご飯が一番いい。ポテサラなんて手作りできるのだから、手抜きをせず作ればいいのだ。

となります。事実はわかりませんが、このような捉え方をしたと仮定します。

さて、高齢男性の捉え方は、間違っているでしょうか？　SNSでは、間違っているという声が多くありましたが、間違っているとは言えません。捉え方に正解はないからです。

この高齢男性にとっての信念、価値感だからです。これに対して、違う信念、価値感を持っている人もいるだけです。

大事なのは、「そう捉えた自分」に対して本当にそうか？　他の捉え方はできないか？　その捉え方をして私にメリットはあるのか？　と問いかけ、自分の捉え方に反論することです。

もしあなたが、この高齢男性だとしたら、反論した結果どのような捉え方ができますか。

D（反論）：そもそもポテサラってどうやって作るのだろう。

母親のポテサラ美味しかったなあ。

このポテサラそんなに美味しいのかな。

手抜きしているとは限らないかもしれない。

このような捉え方ができれば、自分の感情や行動の選択肢が増えます。思考を働かせるので、感情を抑え、冷静にもなれます。そうすると、

E（効果）：ポテサラの作り方を調べる。

自分の母親に思いをはせる。
自分もポテサラを買って帰る。
素通りする。

という行動を選択することになるかもしれません。

反論後の捉え方にも正解はありません。でも、捉え方の選択肢が増えれば、その中から選択することで、より効果的な言動を行う確率は上がるわけです。

このポテサラ論争ですが、SNSでの反応の中に、「だから高齢者は○○」「だから男性は○○」といった声もありました。これも無意識の偏見ですね。無意識の偏見を否定する側が、無意識の偏見に陥っています。

それぐらい**無意識の偏見は当たり前に行われていて、気づくのが難しいということです。**

ぜひ、世の中で起こっている物事に対して、多角的な視点を持つ練習をしてみてください。他人の出来事のため、実際に自分に起きていることより取り組みやすく、反論するという思考の癖をつけやすくなります。

4 「USJ」がチームに与える効果

リーダーが多角的に物事や人を見て捉え方の選択肢を持つことは、チームや仕事に対していい効果を発揮します。

例えば、チームでの会議中、誰も意見を言わないという経験をしたときに、「主体性がない」と捉えたとします。すると、メンバーに不満を持ち、イライラした結果、さらに発言が出にくい環境を作ってしまうかもしれません。そこで、意見を言ってほしいという目的を達成するために、自分の捉え方に反論をして、他の捉え方も探します。そして、自分がどんな行動を取ればいいのかを考えます。

- 意見を言うだけの知識がないのかもしれない　→　もっと情報提供する

●私の質問の仕方がわかりにくかったのかもしれない　↓　質問を変えてみる
●意見を言っても無駄だと思っているのかもしれない　↓　なぜ意見が欲しいのか説明をする。過去に意見を否定したことがあるならば謝る
●周りの目を気にしているのかもしれない　↓　個別に意見を聞いてみる

「主体性がない」と捉えることが悪いことではありません。でも、反論の結果、捉え方の選択肢を持つことができれば、変えられない相手ではなく、変えられる自分に目を向けた行動を起こすことができます。

「もっと主体的に意見を言ってください」とメンバーに伝えたところで変わる可能性は低いのではないでしょうか。それよりも、メンバーが意見を持てるようになる、意見が言いやすくなるようリーダー自身の行動を工夫したほうが状況を好転させられるはずです。その結果、メンバー自身が自分で考えて、意見を言うという行動を起こしてくれれば、自走していきます。

このようにリーダーが捉え方の選択肢を持ち、多角的に物事を考えるようになれば結果

が変わります。メンバーとの接し方やコミュニケーションの取り方が工夫され、チームにいい効果をもたらします。これが「ＵＳＪ」が表している、一人ひとりが行動を起こすための思考です。

(Unique) メンバーがアイデアを出してきたときに、自分の常識の範囲で考えて否定するのではなく、受け止めたうえで「もう少しそのアイデアを深めてみよう」と伝えることができれば、さらにメンバーが自らアイデアや意見を言うようになります。

(Smile) 笑顔になれないときこそ、行動で自分の感情を切り替え、メンバーに笑顔を向けることができれば、チームにポジティブなエネルギーが生まれます。メンバーが笑顔になれば、リーダーも心から笑顔になれます。

(Smart) メンバーが他者や環境に不満を持ち、できない理由を探しているときに、できることへ目を向けられるよう働きかければ、問題解決に繋がります。困難な状況を１人で乗り越えることは難しいですが、「人が足りない中で私たちができることは何だろう」と一緒に考えることで前を向いて歩き出せます。その結果、目の前の状況が改善されることを経験すれば、メンバーは「できない」理由ではなく、自ら「できる」ことを探すようになります。

(Joyful) 物事のポジティブ面に焦点を当てるか、ネガティブ面に焦点を当てるかは自分次第です。メンバーの課題ではなく強みに目を向けると、強みを活かした役割分担や強みを伸ばす指導に繋がります。強みを伸ばせばメンバーが自信を持って取り組めるようになり、仕事がおもしろくなります。自分もチームも目の前の状況をおもしろがることができれば、いい仕事、いい結果、いい成長を得ることができます。

ＵＳＪのＶ字回復を実現したのは「人」です。変革期において迷いや葛藤がある中で、今何ができるのか、今何をすればいいのかを一人ひとりが考え実行したことで、人と組織が強くなった結果だと思っています。その軸となったのが「ＵＳＪ」です。

リーダーも自走し、メンバーも自走することが自走型チームを作ります。メンバーがどのような考え方をするかはリーダーの言動によって変わります。リーダーが「ＵＳＪ」を実践することで、メンバーにも浸透し、自走する力を生み、チームを強くします。

第6章

コミュニケーションの工夫がチームを強くする

1 対話の質を高める

USJ時代の、とあるメンバーとの対話の経験が、その後の私のチームへのコミュニケーションに大きく影響を与えました。

毎週定期でチーム全員が提出していた資料があったのですが、1人のメンバーが毎回期限を過ぎるかギリギリに提出し、中身も誤字脱字や文章がおかしい箇所があるのです。

私は「期限は守るように」「二重チェックをして誤字脱字のないように」と注意し、ときには「なぜ期限に遅れるの？」と問い詰めることもありました。

改善されないまま数カ月が経過したある日、彼と面談の機会があり、改めて提出資料の件で話をしました。一向に改善されないことで諦め気味だった私は、何気なく「提出するうえで、何か困っていることがある？」と聞きました。

しばらくの沈黙のあと、「言いにくいのですが、このフォーマットが使いにくいです」と返ってきたのです。思いがけない答えだったため、一瞬驚いたのですが、何が使いにくいのかをじっくり聞いてみることにしました。

すると、「問2と問5が似ていて何を書くか迷う」「問4の文字制限が少なくて文章調整していると誤字脱字が出てしまう」など具体的に指摘をしてきました。この資料は私が作成したもので、使いにくいとは気づいていませんでした。

いざ指摘をされると、確かにその通りだと思う内容だったため、彼に「指摘ありがとう。言われるまで気づかなかった。1つお願いしたいのですが、今指摘してくれた点を含めて、あなたが使いやすいと思う資料を提案してくれませんか？」と伝えました。結果、彼は新たなフォーマットを作成し、提案してくれたので、私はそれをメンバーに共有し、全員で使うことにしました。

私が数カ月モヤモヤしていた問題が解決したのです。それも、一石四鳥！

●彼が期限通り、誤字脱字等なく提出してくるようになった
●彼は自分の提案が通ったこと、周囲から認められたことでモチベーションが上がった
●業務改善ができ、他のチームメンバーも使いやすくなったことで生産性が高まった
●私は提出日にイライラすることがなくなった

私がこれまで通りの注意をするだけでは、「すみません。次からは気をつけます」という言葉のみで、何も変化しなかった問題です。また、私が問い詰めることで彼のコップの水が溜まり、ミスを誘発していたのかもしれません。

これは、決して彼の性格や能力が変わったから解決したわけではなく、私の対応が変わったから結果が変わったのです。

私はこの経験で、リーダーの立場や影響力を自覚しました。

そして、メンバーとコミュニケーションを取るときに、大事にしようと思ったことが2つあります。

1つ目は、**自分が冷静な状態であること。**

これまでは、提出が遅れたという状況で、私の感情が負の状態で注意していました。しかしこのときは面談という場であったため、心も頭も冷静であったことが有効に働きました。メンバーから指摘をされたときに、私が咄嗟に反論したり、否定しなかったことで対話が続いたのです。もし私に余裕がなく、ストレスフルな状況だったら、思わず「人のせいにしない！」と言ってしまったかもしれません。

メンバーと接するとき、いかに自分の感情を切り離し、コントロールができるかが大切です。改めて、自己認識することや自分を安定させることの必要性を学びました。

また、注意のような相手にネガティブに受け取られる可能性が高いものは、特に冷静に落ち着いて対応できる時間と場所を確保することが必要だと気づきました。

2つ目は、**どう伝えるか、どう聴くかが大事であるということです。**同じように問いかけをしていても「なぜ遅れるの？」と「何か困っていることある？」では、問いかけられた側の思考は変わります。相手にどのような思考をさせるかで、結果が変わります。

メンバーの言動に課題がある場合は、どうしても相手の考え方や行動を変えさせようとしてしまいます。でも、他人は思い通りには動かないため、なかなか改善が見られず、リーダーの負の感情が溜まり、メンバーへの接し方が悪化するのです。

リーダーが自分に目を向け、自分の伝え方や聴き方を変えることで、相手の反応が変わります。その結果、相手の言動が変わって問題が解決することに改めて気づかされました。やはり、自分次第なのです。

ただし、同じ問いをしても、今回のようにいい結果が出るとは限りません。他のメンバーだったら反発や落ち込みを招いたかもしれません。

伝えることや聴くことは正解がなく、とても複雑で難しいと感じます。リーダーができることは、メンバーとの関係構築を行い、一人ひとりに合った対話ができるようコミュニケーションスキルの引き出しを増やすことです。そして、メンバーと効果的な対話ができるよう、スキルを高めることです。

2 結果を導く教え方

1 自分の当たり前を言語化する

教えることは導くことです。業務遂行に長けている方は、無意識にできることが多くあります。教える立場になった際には、この「無意識にできていること」を言語化し、具体的に伝える必要があります。

ロバート・パイクの著書『クリエイティブ・トレーニング・テクニック・ハンドブック第3版』（日本能率協会マネジメントセンター　中村文子 監修・藤原るみ 訳）では、人が学習を進めるときの状態を「学習の5段階」として、次のように説明しています。

学習の5段階

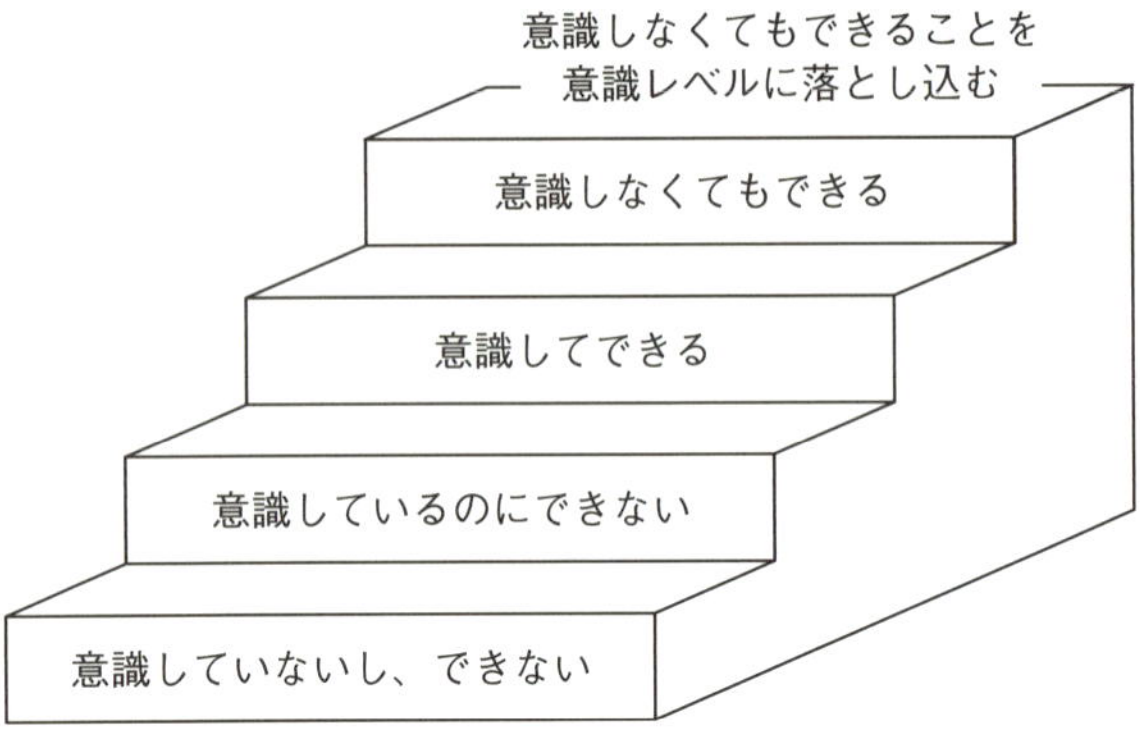

- 1段階目：意識していないし、できない
- 2段階目：意識しているのにできない
- 3段階目：意識してできる
- 4段階目：意識しなくてもできる
- 5段階目：意識しなくてもできることを意識レベルに落とし込む

例えば、アトラクションの案内を初めて行う人は、採用されるまで意識する必要がなく、できない状態です（1段階目）。

次にアトラクションの知識を得ても、うまく案内ができず時間通りに運用ができないなど、意識はしているのにできない自分に気づきます（2段階目）。

その後、教えられたことを一つひとつ意識しながら行えるようになります（3段階目）。

経験を重ねることで、意識しなくても、自然と待ち時間の計算をしたり、お手洗いの場所を案内できたり、子供に声をかけられたら目線を合わせたりすることができます。無意識にできるようになっている状態です（4段階目）。

教わる側は、この4段階目までできれば、スムーズな業務遂行ができます。

一方、教える側は、もう1段階上を目指します。無意識に行える状態になったこと、つまり、自分の当たり前を具体的に言語化するということです（5段階目）。

「ゲストが来られたら立ち上がって、挨拶をし、要件を聞いてください」という説明は、具体的でしょうか？

- お客様がどのあたりまできたら立ち上がるのか
- 何という言葉で挨拶するのか
- 要件を聞くときの不快にさせない聞き方は
- メモはいつから取り始めればいいのか

などがわからないため、具体的ではありません。

教える側からすると「感覚でわかるでしょ」「自分で考えてみればいいのに」と思うかもしれません。でも、それは無意識にできている今の自分の状態を基準に考えているからです。

そういえば、自分はどのタイミングで立っているだろう、自分は要件を聞くときに何に気をつけているだろう、と自分に問いかけてみると、そこには経験を重ねてきたノウハウがたくさん詰まっていることに気づきます。ノウハウは伝えなければわかりません。教える側が具体的に伝えることができれば、教わる側が得られる知識量が増え、理解度が変わります。

もちろん、相手によっては、細かく説明されることを好まない人もいます。アトラクションの経験がなくても、販売業務をしていたのであれば、想像できる範囲が広く、細かい説明は不要かもしれません。

ただ、どの程度必要かは説明をしてみないとわかりません。**業務を遂行するうえで、10**

知る必要があるならば、教える側は10用意します。そして、相手の経験や反応によって、10言うのか、6だけ言うのかは調整すればいいのです。

教えることは単に説明をすることではありません。相手が理解し、行動し、仕事で結果を出すために教えるのです。

2 教える経験が成長を促す

このように、教えるという役割を担うことは、自分の業務や経験の棚卸しができます。また、相手からの質問を受けて、自分とは違う視点で業務を見直す機会にもなります。

マネジメントの祖と言われるピーター・ドラッカーは「人に教えることほど、勉強になることはない」と言っています。つまり、とても成長できる機会なのです。だからこそ、チームメンバーには、教えるという経験をさせましょう。

チームメンバー間で教え合うことができれば、チームの人間関係や協働に有効に働きます。多様な経験を持っているメンバー同士がそれぞれの強みを活かし合えるのが、教える場面です。

新人に教える役割を特定の誰かにお願いするのではなく、業務ごとに教える人を変えます。そうすることによって電話対応に長けている人、営業成績がいい人、資料作成が得意な人、プレゼンが上手な人など、メンバー個々が持っている強みをさらに引き上げる機会となります。

また、新人が複数の人と早期に接することができるため、さまざまな人と関係を築きやすく、チーム内でのコミュニケーションが取りやすくなります。これは新人の心理的安全性の確保に繋がります。特定の人とだけの時間が長くなると、性格が合わない場合に逃げ道がなくなります。その結果、周囲が気づかないうちに新人が疲れてしまい、突如として退職してしまうこともあり得ます。

教える側も1人で悩みを抱え込まずに、他のメンバーに接し方を相談しやすくなり、教え方を工夫することができます。

なお、教える役割を初めて担う人には、リーダーのフォローが必須です。よくあるのが「自分のやり方で教えればいいから」と新人教育を丸投げしてしまうことです。

これでは、教える内容がチームの共通認識ではないため、「人によって言っていることが違う」という状況が生まれてしまい、教わる側が混乱します。教え方の質も担保できません。

教わったことができない新人は、能力が低いわけでも、やる気がないわけでもなく、教え方が悪いから理解できていないのかもしれません。

リーダーのフォローは、「実施前」「実施中」「実施後」の3段階で行います。「実施前」は、教える役割の担当者と「学習の5段階」の考え方を共有し、無意識の言語化を意識して棚卸ししてもらいます。そして、マニュアルに落とし込めるものは実行します。その過程で、リーダーと担当者の認識に相違があれば話し合い、共通認識を持つようにします。また、他のメンバーにも意見を聞き、過不足がないかを確認します。

最後にどうすれば内容を理解しやすく、覚えやすくなるのか一緒に考えます。マニュアルを読んでもらうだけでいい部分もあれば、教える側が見本を見せる、ロールプレイングを行うなど工夫が必要な部分もあります。

教え方を工夫することが相手の習熟度に影響を与えます。

「実施中」は、教わっているメンバーをリーダーが直接フォローするのではなく、担当者をフォローします。担当者がいつでもリーダーに相談できる環境を作り、定期的に進捗を確認する時間を持つのです。また、必要に応じて他のメンバーにもフォローに入ってもらい、解決策を一緒に考えます。

「実施後」は、労いと感謝の言葉を伝え、一緒に振り返りをします。今後、同じ業務を他の人が教えることになった場合でも使えるよう、マニュアルの改訂や教え方のポイントを整理します。

この一連の流れを経験したメンバーは、業務遂行も他者との関係作りも教え方の工夫も成長していること間違いありません。

3 自発的な報連相を促す

職場で欠かせないコミュニケーションである報連相（報告・連絡・相談）ですが、リーダーにとって大事なのは、メンバーが自発的に報連相をしてくれる状態を作ることです。メンバーから適切なタイミングで報連相がないと、リーダーは不安になり、ついつい声をかけてしまいます。しかし、こちらから「あれ、どうなっている？」と進捗を確認する機会が多いと、信頼してもらえていない、任せてもらえていないという不満が生まれます。また、自分から報連相しなくてもリーダーからの確認を待てばいいと勘違いする人も生まれます。

自発的に報連相をしてもらうために、リーダーが行いたいことが3つあります。

①報連相の目的を伝えること

「社会人なんだから報連相をして当たり前」という考え方では、残念ながらメンバーからの自発的な報連相は望めません。やらされ感のみでやる意味やメリットが感じられないと、人は動かないからです。

伝える内容は、メンバーの価値観がどこにあるのかにより変わります。

例えば、評価を気にするメンバーには、「報連相ができると信頼が得られる。信頼を得ることで言動が受け入れてもらいやすくなり、評価に繋がるよ」と伝えます。

チーム皆のために頑張りたいというメンバーには、「報連相があるとチームで情報が共有でき、お互いアドバイスし合ったり、助け合うことに繋がるから、みんなの役に立つよ」と伝えます。

報連相をしなければいけないという頭での理解と、報連相をしたいという心の状態を生み、自発的な報連相を促します。

②報連相しやすい環境を作ること

報連相をしてよかったとポジティブな経験として記憶してもらうためには、報連相を受けたら「ありがとう」を伝えましょう。

進捗が遅れていて期限通りに終われそうにないと報告してきたら「このタイミングで報告してくれてありがとう」、顧客からクレームがきたことを連絡してきたら「まずは自分でできる範囲で対応してくれてありがとう」、サブリーダーからメンバーの育成について相談されたら「メンバーの成長をしっかりと考えてくれてありがとう」と伝えます。

報連相してよかったという経験が心理的安全性を高め、また報連相をしようという行動促進に繋がります。

なお、自ら報連相をしなくなる理由が大きく2つあります。

1つは、気をつかっているからです。

「忙しそうだから声をかけられない」という意見を一番多く聞きます。

リーダーは、本当に忙しい状況でも、メンバーに気をつかわせないよう忙しく見せないことも必要です。第4章のWESTIEで紹介した「ながら対応」は、忙しいというメッセージになりますのでやめましょう。声をかけられたときは、手を止めて、目を合わせて反応してください。

もう1つは、ネガティブ経験です。

過去に報連相をした際、**「今忙しいからあとにして」「前にも説明したと思いますが」と反応されたことがトラウマになり、声をかけるのを躊躇している人も多いものです。**

リーダーの咄嗟の反応は、悪気はなくても、その場だけでなく、今後にも影響を与えますので慎重に対応したいものです。

ただ、リーダーも冷静に対応できない場面もあると思います。ネガティブな反応をしたことに気づいた際は、落ち着いてから、リーダーから声をかけ、先ほどの言動を謝り、改めて話を聴く場を持ちます。やってしまったことは消せませんが、訂正はできます。

③リーダーも報連相をする

リーダーも上司への報連相、メンバーへの報連相を積極的に行い、その姿を見せます。

メンバーには報連相してくださいと言いながら、自分がしていないリーダーのもとでは、誰もしなくなります。報連相はメンバーからリーダーへの一方通行ではありませんので、リーダーからメンバーに、今会社で起こっている情報を伝える、隣のチームの結果を共有する、今抱えている問題を相談することが大切です。

これらが報連相の見本となります。メンバーは、どのようなタイミングで、どのように報連相すればいいのかを見て、聞いて、体験することで学びます。

以上の3つの点を意識し、対応することで、メンバー自身が必要なときに、自発的に報連相をすることを促します。**報連相をするようになるかは、メンバーの意識の問題ではなく、リーダーが何を伝えるのか、何を体験させるのかで決まります。**

4 効果的な会議の作り方

日々の報連相だけでなく、リーダーから確認したいこともあり、チームで共有しておきたいこともありますので、定期的な報連相の場も設けます。それが、いわゆる定例会議です。1対1の場合もあれば、チーム全員での会議もあります。1週間に1回程度実施することが目安です。

気をつけたいのは「とりあえず会議しておくか」という状態を作らないことです。毎週会議はしているけれど、意味があるのかわからないと不満を抱くような会議は、時間の無駄です。チームの時間を使うのであれば、効果的な場を作りましょう。

1 定例会議をする際に考える4つのこと

チームにとって効果的な定例会議をするためには、次の4つの視点を持ちます。

①「それ、会議以外でもできない？」

事実の共有や業務予定報告をするだけであれば、メールで対応できることもあります。チーム内のスケジュールは管理ソフトを使えば共有できますし、資料はサーバーで管理すればいつでも見ることができます。わざわざ集まって報告する必要はありません。会議は、顔を合わせて行う必要のある内容にします。

②「今日の目的は何？」

定例会議は、目的意識が希薄になりがちです。まさに「とりあえず」会議室に集まったという状態です。

そうならないために、リーダー、メンバーそれぞれが議題を準備して臨みます。今日は何を報告したいのか、何を相談したいのか、何を指示したいのかを考えたうえで会議に臨むことが必要です。そして、それを冒頭に確認します。

確認の際は、まずはメンバーから今日話したい議題があるか確認し、あればそれを伝えてもらいます。毎回確認していくと、考えてくるようになります。

③「会議に1時間は本当に必要？」

会議の設定が1時間だったとしても、必ず1時間使わなければいけないわけではありません。議題の結論が出たら、終了です。だらだら世間話をして時間を使い切る必要はありません。

冒頭でメンバーが「今日は特に議題はありません」と言ってきて、リーダーからの議題もなければ、そこで終了です。

ただ、**議題がないからといってキャンセルはしません。**議題がないからとキャンセルしてしまうと、定例会議自体がうやむやになり、消滅します。顔を合わせ、会話をすることも意味があります。議題はないと思っていたけれど、顔を合わせることで思い出すこともあります。結果、5分で終わっても構いません。

❹「どんな場作りが有効？」

議題によって、会議の運営方法も使い分けます。口頭のみで意見を出し合うのか、ホワイトボードに書きながら行うのか、書く場合でもメモを取るだけなのか、まとめるのか。毎回同じ運用をする必要はありませんので、効果的な方法で行えるよう、会議手法にも選択肢を持っておきます。

2 ブレイン・ストーミングでアイデアを引き出す

リーダーからよく聞くのが、チームでの会議で意見やアイデアが欲しいけれど誰も発言しない、活発な議論にならないという悩みです。もっと発言しましょうと言ったところで、逆にプレッシャーを与え、メンバーが目を合わさなくなります。

そんなとき、1つの方法として、ブレイン・ストーミング（ブレスト）があります。アレックス・F・オズボーン氏が開発した集団思考・集団発想法で、アイデアや意見を引き出したいときに有効な会議手法です。

複数人が自由にアイデアを出し合い、お互いの新しい考えや、既成概念にとらわれない発想から刺激を受けて、ブレイン「脳」にストーミング「嵐」を起こします。

この会議手法を使うと、ただ発言を促すだけでは出てきにくい意見やアイデアを引き出すことができます。


ブレストを効果的にするために、4つのルールがあります。

- **思いついたらとにかく発言！**
- **どんなアイデアも大歓迎！**
- **結論はあと回し！**
- **ひらめきの連鎖！**

ブレストは、意見やアイデアをたくさん集める場ですので、結論を出す必要はなく、質よりも量を重視します。

また、複数人で行うメリットは、お互いの発言から刺激を受けることです。誰かの発言に乗っかって、「それなら、これもあり？」と繋げていくことで、場が盛り上がり、頭が活性化し、より意見やアイデアが出るようになります。

なお、既出のアイデアを目で見ることでも、発想の連鎖は起こりやすくなりますので、ホワイトボードなどに書いて、全員に見える状態にしておくことがお勧めです。

自由に発言してもらうためには、頭も心も柔らかい状態になる心理的安全性の確保がポイントとなります。

例えば、会議室に音楽をかけておく、飲み物や飴などを用意する、カラフルなマジックを使う、席の配置を工夫するなどの環境面や、リーダーが笑顔や明るい声で進行するなどの工夫で、緊張感ではなく解放的で楽しい場を作り出しましょう。

また、アイデア出しの時間は、集中力が維持できる5分~10分が目安です。短時間で行うことでゲーム要素も生まれ、楽しい場作りにも繋がります。

なお、ブレストのような**自由闊達な発言ができる場を経験すると、アイデアが出てくるだけでなく、チームにいい影響をもたらします。リーダーや他のメンバーとのコミュニケーションが取りやすくなり、会議以外でも情報交換や意見交換がしやすくなります。**他者の意見を聞くことで、新しいアイデアを得られたり、自分の意見が誰かの役に立つことがわかり、1人で考えるよりも、誰かに頼ったほうがいい結果が生まれることを知ります。その結果、日々の業務の中でも積極的に他者に意見を求めるようになるのです。

メンバーの意見やアイデアを引き出せるかは、リーダーのアプローチ次第です。同じ会議をするにしても、目的によって使い分けられると効果的な場になります。ブレストはその1つの選択肢として、ぜひ活用してください。

5
1on1（面談）で成長をサポートする

面談は、1対1で行う対話の場です。中長期的視点でメンバーの成長を促します。面談では対話を通じて、何に向かって何を取り組むのか、達成するためには今何が必要なのか、結果やプロセスから何が得られたのか、次にどう繋げていくのかをメンバー自身に考えてもらい、気づきを得てもらうことを目指します。

効果的な面談を行うメリットは、たくさんあります。

- チームの目的が共有でき、チームの一員としての意識を高めることができる
- リーダーとメンバーの相互理解を促し、信頼関係が築ける

●メンバーの成長意欲を高められる
●チームの課題やメンバーが抱えている問題を見つけることができる

忙しい中での面談は、ときにネガティブに捉えられがちですが、ぜひこの機会を活用して、成長を促進しましょう。

面談のときに活用したいコミュニケーションスキルが、フィードバックスキルです。**フィードバックとは、相手の行動や成果に対して評価を伝えることです。**よかった点、効果的だった点を伝えるポジティブ・フィードバックと、課題や改善点を伝えるネガティブ・フィードバックがあります。どちらも目的は、相手の成長です。

なぜうまくいったのか、なぜうまくいかなかったのかの要因は、自分だけでは気づけないことも多いものです。フィードバックをすることで、相手は、自分の言動や取り組み、結果を他者視点も取り入れながら振り返りができます。その振り返りから、よかった点は継続し、改善点は見直すことで、仕事の質や人間関係の質を上げていくことができます。

「フィード」という言葉には、栄養を与えるという意味があります。**メンバーにとって、リーダーからのフィードバックは、成長に向けて栄養を与えてもらえる貴重な機会なのです。**

ただ、近年、このフィードバックを行わないチームを見かけます。

ネガティブ・フィードバックは、相手にとって耳の痛いことであり、伝え方次第では、人格否定、パワハラになることもあります。近年のハラスメントへの意識の高まりにより面倒なことになる状態を避けたい気持ちが芽生え、メンバーとの間に距離を置き、見て見ぬふりをしてしまうのです。

私自身の経験からも、リーダーとメンバーの衝突を見てきた経験からも、フィードバックは難しいと実感しています。

たとえ相手のためを思って言ったことでも、うまく伝わらず相手を傷つけてしまうこともあります。誤解が生まれた結果、反発が返ってくることもあるので、フィードバックを避けたくなる気持ちはとてもわかります。でも、避けてしまうと、本人に栄養がいかず、成長できないメンバーが生まれてしまいます。

面談の流れ

STEP1 認める

STEP2 事実を伝える

STEP3 問いかける

STEP4 目的と期待値を伝える

STEP5 対応策を一緒に考える

STEP6 応援する

STEP7 観察と承認をする

また、**本来指摘すべきことを放置した結果、リーダーへの不信感、メンバー間の不満が募ります。**ルールを守っている人や取るべき行動をしている人が損をする状況では、モチベーションが下がり、パフォーマンスも落ちます。改善すべき行動を正しいと勘違いし、真似てしまうメンバーが現れれば、チームが崩壊してしまいます。

だからこそフィードバックは、メンバーのため、チームのため、そしてリーダー自身のために必要なものです。

そこで、リーダーが少しでも自信を持って効果的な面談ができるよう、ネガティブ・フィードバックの手法を中心に、面談時の対話の流れとポイントをお伝えします。

▼STEP1：認める

「聞く耳」を持ってもらうことから始めます。認めていること、感謝していることを伝えてください。

例えば、電話対応時の言葉遣いについて指摘をしたいとします。指摘の前に、「いつも電話に出てくれてありがとう」「最初は怖がっていたけど、今ではすぐに電話に出ているね」と認めます。

私は、ここをあえて「褒める」とはしていません。「認める」でいいのです。「電話に出てすごいね」とは言えませんが、「電話に出ているね」は事実だから言えるはずです。認める言葉だけでも、相手にとっては承認欲求を満たす言葉になります。

もしかすると、相手のコップの水がいっぱいになっている時期かもしれません。その状態で指摘をされても、言葉が入っていきません。それどころか、水が溢れ出すきっかけになります。**まずは承認欲求を満たし、対話をすることで相手の状況を把握します。**

また、認める言葉をかけることで、いつも見ているというメッセージが伝わります。指摘だけをした際、「私ができていない場面だけを見て言わないでください」という反発が起こる場合があります。普段から、見てもらえていないという不満を持っている場合や、本人にとってはいつも気をつけてやっていると思っていることを指摘された際に起こりやすい反応です。

できている場面も、できていない場面も見ている、そのうえでの指摘であることが伝わると、あなたの言葉の信用度が高まります。

▼STEP2：事実を伝える

指摘の目的は、言動の改善です。そのため、どのような言動をしたかという事実があり、その事実をまずは認識してもらうことが必要です。

ここで、リーダーの解釈だけを伝えてしまうと誤解を与え、反発し、耳を塞いでしまう可能性があります。

例えば、よくある指摘に「もっとやる気を出して」「もう少し顧客への思いやりを持とう」「もっと後輩育成の意識を高めよう」「人の話を素直に聞きましょう」があります。「やる気」「思いやり」「意識」「素直」は他人には見えません。そのため、事実かどうかわからないものであり、解釈です。顧客への思いやりはあるけれど、言葉遣いが悪いだけかもしれないのです。

リーダーが「思いやりがない」と感じたのは、どのような場面、言動を見たからなのでしょうか。その場面や言動が事実です。

SBIモデルを使って、事実を伝える工夫をします。リーダー育成を研究、実施しているCCL（Center for Creative Leadership）という組織が提唱したもので、フィードバックの際に、受ける側の防御的、否定的態度を和らげる効果があるとされています。

- S：Situation
  いつ、どこで、どのような場面だったのか。状況を伝える
- B：Behavior
  どんな言動があったのか。主観ではなく、観察した言動を伝える
- I：Inpact
  どんな影響があったのか。伝える側の解釈や感想を伝える

（例）

●ポジティブ・フィードバックの場合

「先週木曜日、後輩のCさんが仕事でミスをして落ち込んでいたとき（S）、積極的に声をかけてくれて、お昼ご飯も誘って一緒に行っていましたね（B）。Cさんが午後から笑顔で仕事ができていて、あなたにとても感謝していましたよ。私もとても嬉しく思います（I）」

●ネガティブ・フィードバックの場合

「あなたが担当しているエリア店舗のフォローの件ですが（S）、この半年、現場へ足を運んだ回数が月平均4回から2回に減っています（B）。最新のあなたに対する店長満足度結果が、4・6から4・2に下がっています（I）」

「先週金曜日に取引先C社へ訪問したあと（S）、連絡なしで直帰しましたね（B）。取引先との商談結果を報告しなかったことで、先輩Aさんは19時まで待機することになりました。私も先輩もフォローが必要な状況かわからず、とても心配しました（I）」

ＳＢＩモデルを使って情報を整理することで事実を押さえ、具体的に伝えることができます。

▼ＳＴＥＰ３：問いかける

リーダー視点での事実や解釈は、本人の認識と相違があるかもしれません。どのような状況だったのか、どんな認識だったのか、相手の意見を聴きます。

流れは、ＷＨＡＴ→ＷＨＹです。

● ＷＨＡＴ：何があったのかを本人の言葉で説明してもらう。
「商談終了後は、どのような状況だったのかな」
● ＷＨＹ：なぜそうなったのかを考えてもらう。
「連絡をしないと判断したのはなぜかな」

責めたいのではなく、状況を確認したいという目的をしっかりと伝え、表情や姿勢、口調を意識し、相槌をしっかり打ちながら行います。

相槌は、「いや、そうじゃなくて」「それはおかしいよね」と否定から入るのではなく、「そう判断したんだね」「そういう考えもあるのか」とまずは受け入れたうえで、対話を続けます。

効果的な対話をするには相槌の工夫が必要です。特に、チーム内の人間関係について不満が出た場合は注意が必要です。リーダーという立場で聴く限りは、

● ここにいない第三者の評価には安易に触れない
● 正論を返さない

の2点を意識してください。

例えば、サブリーダーのAさんが、「後輩Bさんが仕事を覚えず、ミスが多くて困ります」と言った場合、

×「そうだよね。Bさんはミスが多いよね」

×「そこをフォローするのが、あなたの役割でしょ」

という返答は避けてほしいということです。

リーダーもBさんに同じような印象を持っているとき、思わず同意してしまう場合があります。すると、Aさんはリーダーのお墨つきをもらったと自信を持ち、「やっぱり、リーダーもBさんには困っているみたい」とチーム内に共有してしまいます。

その結果、Bさんだけでなく、他のメンバーも含めたチーム全体に心理的不安全性が広がります。だから、その場にいない第三者の評価に安易に触れてはいけないのです。

また、Aさんの最初の一言は、本心を表しているかはわかりません。掘り下げて聴いていくと、困っているのは事実でも、実は自分の教え方に自信が持てず、不安になっているのかもしれません。自分が行っている普段のBさんへのフォローを褒めてほしいと思っている場合もあります。最初の反応で正論を返すと、心を閉ざしてしまい、本来の問題の解決策が見えなくなります。

「そうなのか。困っているんだね」と、相手の言葉を繰り返す相槌で受け止め、「いつもフォローありがとう」と認める言葉をかけます。そのうえで、「例えばどんなときに困っているか教えてくれる?」「どんなミスがあったのかな?」と感情ではなく、事実を掘り下げていきます。

▼STEP4:目的と期待値を伝える

事実のすり合わせができ、改善が必要だと認識したら、改善する目的と、どの程度改善する必要があるのかという期待値を伝えます。

目的を受け入れてもらうには、理性と情を動かす必要があります。特に改善行動は、本人にとって難しいことです。正論や一般論だけでなく、改善するとあなたにどんなメリットがあるのかも含めて伝えてください。

期待値は、言い換えれば達成水準です。どの程度のレベルを目指して改善行動をすれば

いいのかを伝えます。

数値で示すことができるものはわかりやすいですが、多くは「もっと」「もう少し」「ある程度」という言葉を使って表現されます。明確でない期待値を伝える場合は、対話でお互いの目線を合わせていくしかありません。伝える側ができる工夫は、具体的な場面を挙げて、「もう少し」とは「どういう場面で何をしてほしいと思っているのか」を伝えることです。

▼STEP5：対応策を一緒に考える

具体的に何をするのかを考えます。

このとき、リーダーからアドバイスする前に、まずは本人に考えてもらいます。人は、自分で決めたことのほうが、行動が促進されるからです。また、指示やアドバイスをするのは簡単ですが、そこに慣れてしまうと、メンバーに自分で考える癖がつかず、常に答えを待つようになります。**リーダーからの指示やアドバイスがないと動けない人が増えれば、自走ができるチームはできません。**

考えてもらうために、**活用したい質問が「未来質問」「肯定質問」です。**

改善行動を起こすのは未来のためです。メンバーに、未来へ向けてどうするかを前向きに考える思考になってもらいます。

「〇〇ができるようになるには、何をしようか？」
「何があれば、〇〇できると思う？」
「〇〇すると、どんないい変化がある？」
「〇〇するために、私（リーダー）ができることはありますか？」

のように、表現を「未来」「肯定」にします。

「なぜできなかったの？」という「過去・否定」の場合、謝罪だけが返ってきてしまう可能性があります。謝罪が欲しいのではなく、次は同じ失敗をしてほしくない、次はできるようになってほしいという目的で質問をしていますので、自分で改善策を考えられるように働きかけをすることが大事です。

このような質問をしても、相手の中に答えがない場合も多いため、相手から答えが返ってこず、無言の間が生まれることもあります。そんなとき、リーダーはアドバイスするのを少し我慢してください。無言の間は、相手が思考を動かしている大事な時間です。もちろん、待っても答えが出てこない場合は、アドバイスをしても構いません。

結果は同じでも、まず考えてもらうプロセスを入れることで、納得感が得られ、行動に繋がりやすくなります。

▼STEP6：応援する

ここまでの対話を受けて、いつまでに、何を、どうするのかを整理し、確認をします。期日を設けるものは日程も明確にし、結果の報告が必要なものは報告方法を決めます。また、再度面談が必要な場合は、次回の日程を決めます。ゴールが明確に見えていること、それを共有できていることで、行動を起こしやすくします。

しかし、効果的な対話をしても、耳の痛いことを受け入れた事実は変わらないため、気持ちが重く、改善行動を起こすことに不安になる人もいます。

行動するという強い意志と、迷ったらこの人に相談すればいいという安心感を持ってもらうためには、「今回決めた行動を起こすあなたを応援しているよ、いつでもサポートするからね」と、リーダー自身がどうするのかを伝えます。

独りぼっちにしないことでネガティブ感情を抑え、未来に向けた前向きな行動を引き出します。

▼STEP7：観察と承認をする

面談はステップ6で終了です。

ただ、面談が終わっても、フィードバックは続きます。

相手の言動を観察し、改善行動が見られたら承認の言葉をかけます。「今の○○は効果的ですね」「○○すると言っていたことが、今できていましたね」とポジティブ・フィードバックを行うのです。

「改善行動を起こした↓認められた↓これでいいのだと自信を持つ↓続けよう」というサイクルを回してもらい、改善が継続されるサポートを行います。改善行動が見られない場合は、再度、面談の場を持ち、前述した対話を行います。

ポジティブ・フィードバックループ

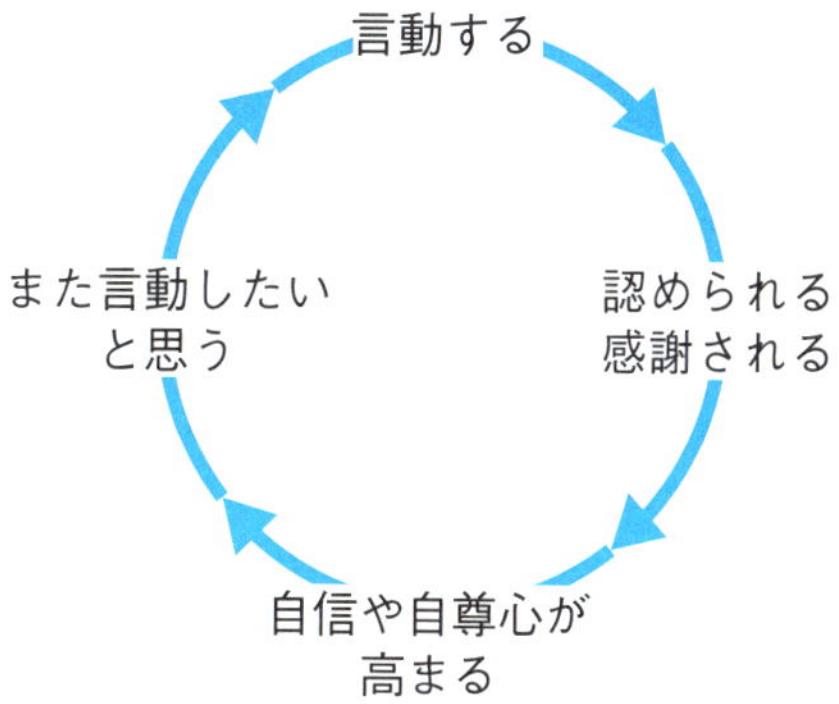

ここまで7つのステップで面談の流れをご紹介しました。必ずしもステップ通りに進める必要はなく、対話の流れによってステップが入れ替わることもあります。

大事にしてほしいのは、各ステップで紹介した伝え方や聴き方の工夫です。面談以外でメンバーと対話する場面でも使えるポイントを含めていますので、ぜひ意識して使いながら、メンバーとの効果的なコミュニケーションに繋げてください。

なお、**フィードバックを行うには、事前準備が大事です。**思いつきでは認める言葉が出てこない、具体的な場面を思い出せない状況が生まれます。

相手の情報を整理し、事実と解釈を意識しながら「いつ、何があったのか、だから何が言いたいのか」を考えておくことが成功の秘訣です。

第2章でお伝えした通り、私はメンバー一人ひとりの「○○さんプロファイル」を作っていました。面談前には、プロファイルを見直し、相手のことを理解し、面談で何を伝えていきたいか、何を聴きたいかを整理していました。

また、前回の面談記録があることで、面談時に「前回こんな話が出ていたけど……」と伝えることができます。その結果、面談という機会を大事にしていること、○○さんを気にかけていること、1回1回単発ではなく、継続して成長をサポートしていきたいと思っていることが伝わるのではないかと考えています。

私は自分の記憶力に自信がありませんので、このような記録に頼りながら、面談準備を行っていました。

面談当日の対話の流れは、予想通りには進まないものですが、事前準備をしておくことで感情を抑え、冷静に対話することができます。ぜひ、準備の時間を惜しまず、面談に臨みましょう。

フィードバックは、する側もされる側もパワーが必要です。どんなに準備をして、伝え方に気をつけていても、思い通りの結果が得られないこともあります。

私自身、フィードバック後に、違う言い方があったのではないか、もう少し話を聴いたほうがよかったのではないかと反省し、落ち込むことが多々ありました。それでも、メンバーに気づきが生まれたり、行動が変化したり、次の面談では自分の意見を言ってくるようになったりといい結果も見てきました。

今回のポイントを使って、少しでもリーダーが自信を持って面談に臨めるようになることを願っています。

第7章

学ぶ個人、学ぶチームへ

1 成長に必要な学ぶ場を提供する

最強の自走型チームを作るために、ここまで、自己理解と他者理解（2章）、感情のコントロール（3章）、関係作り（4章）、多角的思考力（5章）、コミュニケーション力（6章）を考えてきました。

最後は、ここまでの内容を活かして、自走する個人、自走するチームが継続するように、リーダーがいなくても成長を続けられる仕組みを考えます。

1 成長に必要な要素 70：20：10の法則

人が成長するときの要素に「70：20：10の法則」があります。米国の人事コンサルタント会社であるロミンガー社が経営者を対象に、リーダーシップ開発のために有効であった要素を調査し、分析をした結果、生まれたものです。

70%は経験、20%は薫陶、10%は研修です。

- 経験：実践的な経験からの学び
- 薫陶：他者からの指導、指摘、アドバイスからの学び
- 研修：研修や書籍からの学び

経験を積み重ねることで、できることも知識も増え、スキルも高まります。経験をする中で、課題に直面し、薫陶や研修での学びを欲します。薫陶や研修で得た知識を使って実

70：20：10の法則

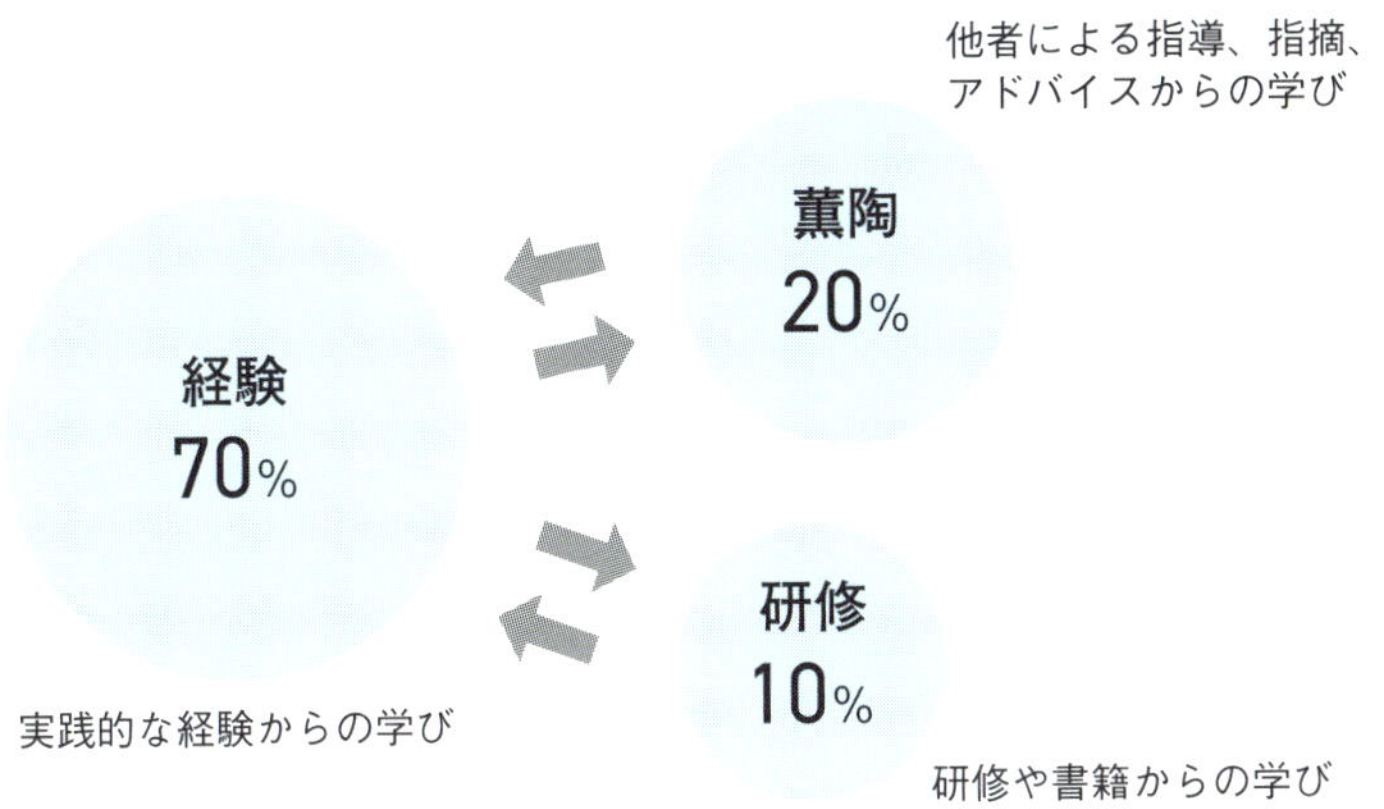

践することで、さらに経験が増えていきます。
どれか1つが大事なのではなく、この3つの要素が相互作用を起こし、個人もチームも成長していきます。

70：20：10の法則では、経験が大半を占めます。でも、20％の薫陶、10％の研修があることで経験が豊かなものになります。

薫陶は、他者からの意見やアドバイスをもらうことです。研修は、知識を得ることです。

リーダーから言われても耳に入ってこなかったことも、まったく違う人から言われると素直に聞ける場合もあります。リーダーから教わっていることでも、リーダーとは違った経験を持っている著者の本を読んで視点が変わり、気づきが増えることがあります。
いつもと違う環境や方法、いつもと違う人との関わりの中で、得られるものがあるのです。

2 知的好奇心を高める

知識をリーダーが教えるだけでなく、書籍や動画、研修などからも吸収する機会を与えてあげましょう。

ＵＳＪでは、各部門のオフィスに貸し出し図書を置いていました。物販部門であれば、小売業界に関する図書が多く置かれており自由に借りていくことができます。リーダーは、お勧めの本があれば事務局に提案して、図書に追加してもらうことも可能です。全社貸出の人事部には、ＤＶＤもありました。

私は、メンバーとの対話の中で、迷っていることや興味のあることが見つかれば、本や動画のお勧めを伝えられるように、テーマ別にお勧めリストを作成し、いつでも提案できるようにしていました。

また、全クルーの成長をサポートすべく、ユニバーサル・アカデミーを創設した際には、各職種の専門知識だけでなく、社会人として必要なコミュニケーション、戦略思考、法律や経理など多角的な知識を得られる環境を整えました。学びたいという欲が出てきた人へ、多くの選択肢と機会を提供したかったからです。

社内に研修機会がある場合は、積極的に送り出してはいかがでしょうか。

「業務が忙しいから研修に参加する時間がない」という視点を少し変えて、「研修に参加することで忙しい状態を改善できないか」と考えてみます。研修に参加することで、リーダーへの報告が簡潔になるかもしれませんし、後輩育成に積極的に取り組むようになるかもしれません。

社内に研修機会がない場合でも、社外にも多くの学べる機会があります。今はリモートで参加できるものも多いため、選択肢が広がっています。

知識を吸収することをおもしろいと思うことができれば、メンバー自ら進んで学んでいきます。まずは、きっかけになる機会を作り、知的好奇心を高めましょう。

2 他者との関わりが自走を促進する

薫陶とは、他者からのアドバイスや意見をもらうことで気づきを得るものです。あなたには、薫陶をくれる人はいますか？

役職がつくと、どうしても他者との間に壁ができます。私はＵＳＪ時代も今も、部門長や経営者のサポートをすることが多くあります。そのときに感じるのは、**リーダーは孤独であるということです。**同じ目線で話せる相手、自分に駄目出しをしてくれる相手はなかなかいません。

そこで、経営者同士のコミュニティを使ったり、私のようなコンサルを相手にしたり、コーチングを受ける機会を設けたりと、裸の王様にならないよう取り組まれている方が多い印象です。

これがないと誰からも指摘やアドバイスを受けないまま、自分の考えだけで進めてしまうワンマン経営者が生まれます。

女性活躍推進支援の仕事をしていると、女性管理職の先輩も同僚も少ない中で、相談できる相手がおらず、1人で抱えて頑張っている方と多く出会います。そういう方を集めたマネジメント研修をすると、日々の悩みが怒涛のように出てきて、短時間で参加者同士に相互理解が生まれ、アドバイスし合う関係性が作られる光景を目にしてきました。

また、若くしてリーダーに抜擢された人や、中途採用で管理職として入社した人が1人で頑張ってしまう状況も多く生まれているのではないでしょうか。

上司や部下、同僚、他部門のリーダー、取引先など仕事で出会う方や、家族、友人、趣味仲間といったプライベートで関わる方など、薫陶をくれる方がいれば、悩んでいるときや、答えが見えないとき、孤独を感じたときなどに、助けてくれます。1人で考えて答えを出すことも必要ですが、他者との関わりの中で他者に頼ることも1つの手段です。

ぜひ、**周囲との関わりを持ち、コミュニケーションを通じて、他者からの力を借りてください。**

友だちや仲間を作りましょう、と言っているわけではありません。**他者と関わる機会を持つことによって、その対話の中で気づきが増えることが大事なのです。**

社外研修などで出会う1回だけの交流だったとしても、チームにいる苦手な人であったとしても、自分とは違う価値観や経験を持っている分、まったく違う視点からのアドバイスが得られるかもしれません。

なかなかそういう相手がいない場合は、自分から動いて接点を設けてみませんか。

例えば、私は他社の人事とのちょっとした接点を意識して設けるようにしていました。新卒採用市場には多くの企業が集う合同企業説明会というイベントがあります。企業ごとにブースが立ち並び、各ブースで学生に企業説明を行うものです。

私がUSJ採用担当として参加していたときは、隣近所のブースへご挨拶に行き、少し話をするようにしていました。声が大きかったり、学生数が多くて迷惑がかかったりするかもしれないため、少しでもいい関係を作っておくことが目的ではありましたが、名刺交換をして少し会話をするだけでも、同じ採用担当としての課題の共有ができたり、解決のヒントを得られたりできました。

あるときは、そこで情報交換をしたことで、一緒に採用イベントをする企画が持ち上がり、実施することができました。


また、私はＵＳＪ人事部で、女性管理職が私だけだったときに、どうしても周囲に弱音を吐いたり相談したりすることができず、１人で考え込んでしまうことがありました。

そこで、月に1回～2回、人事部以外で話を聴いてみたい方を自分から誘って、お昼ご飯を食べながらお話をする機会を作っていました。

取締役や部門責任者、新入社員、取引先の方もいました。プライベートでは声をかける勇気はありませんが、仕事内の時間であるランチを有効活用することで、私も誘いやすく相手も気軽に応じてくれました。たった1時間でも、視野が広がる、内省できる、勇気をもらえる時間になり、当時の私には、貴重な気づきを得られる場となっていました。

さまざまな場面で、少しでも他者との関わりを作ることで、薫陶を得られる機会になります。

リーダーに多様な角度から薫陶をくれる人がいれば、仕事やチームにいい影響を与えてくれます。

そして、**チームメンバーにも、多様な人との関わりの機会を作り出してあげてください。**リーダーからの薫陶ももちろん大事ですが、違う角度からもらえる薫陶も大事です。

ただ、自然発生的に人との繋がりを作るのは難しい時代です。コロナ稼では、入社時の研修もなく、同期の繋がりがない方もいました。現在でもリモート勤務で、顔を合わせる機会がなく、チーム以外に誰がいるかもわからない人もいます。

部門を超えた先輩後輩の繋がりがなくなったため、メンター制度を取り入れて、仕組みとして先輩後輩の関係を作る企業が増えてきています。

私はランチの時間を使って個人的に話を聴いてみたい人を誘っていたとお伝えしましたが、ユニバーサル・アカデミーの中でも、ランチ時間を使って繋がりを作るUni-Gohanという取り組みがありました。

これは、組織を活性化させるために有志を募り、プロジェクトチームを作った際に、1つのチームから提案として出てきたものです。

まずはチームメンバー6人でランチをします。その後、メンバー6人それぞれが、次に参加してほしい1人に声をかけます。声をかけられた参加者6人が集まり、2回目が行われます。2回目の参加者が、次の参加者に声をかけていく……を繰り返します。参加した1人が次の1人を選ぶので、毎回誰が集まるかわかりません。よって、初めましての人たちが集まり、お昼ごはんを食べます。

毎回プロジェクトメンバーから1人がファシリテーターとして参加し、フォローをしていましたが、基本は自由にご飯を食べながら話すだけです。

ちなみに、毎回記念写真を撮ってアルバムを作り、それをバトンと見立てて、クルー食堂内の Uni-Gohan をする場所に目印として置き、そこに集まります。これまで参加した人たちの記録を見ることができれば、職場に戻ったときに、以前参加した人と Uni-Gohan の話題でコミュニケーションが生まれるのではないかという期待を込めた工夫でした。

こうして、初めましてを繰り返し、人との繋がりを作っていったのです。

当時は、V字回復で組織が変化し、社員の数も増えていく中で、横の繋がりを強化することが必要でした。部門ごとの縦割りのコミュニケーションを改善し、情報伝達や連携、協働を生むことを目指していた取り組みです。

このUni-Gohanという機会を通じて顔見知りになり、その後仕事で関わる際にやり取りがしやすくなった、他部門に相談できる人ができたなどの声もあがりました。草の根運動ではありましたが、少しずつ他者、他部門への興味が広がっていくのを感じました。

リーダーは、本人の意思に任せるのではなく、メンバーにさまざまな人と接点を持つ機会を作れないかを考えてみてください。

Uni-Gohanのような仕組みがなくても、他チームとのお昼ご飯の機会を作り誘ってみることはできます。他にも、他部門との会議に連れていく、知り合いと廊下で会って話すときにメンバーを紹介する、他社合同の研修に参加してもらうなどは、できるのではないでしょうか。勤務時間外で何かをするのではなく、勤務時間内でのちょっとした工夫から始めてみるのが、リーダーにとってもメンバーにとっても負担が少なく、取り組みやすいと思います。

もちろん繋がりを強制するわけではないため、その機会を活かすかどうかは本人の意思によりますが、きっかけにはなります。

リーダーからメンバーへの薫陶、メンバー同士の薫陶、そしてさまざまな人からメンバーへの薫陶があれば、視野が広がり、コミュニケーションの機会も増え、経験も増えていきます。リーダーの代わりに、指摘やアドバイスをくれる人がいれば、メンバーは必要に応じて、さまざまな人の力を借りながら成長できます。人との関わりが自分にとって有効だと感じられれば、自らコミュニケーションを取るようになり、自走します。

リーダー1人でメンバーを育て、チームを作るのではなく、多くの人からの協力を得て、取り組むことが有効なのです。

3 経験から学ぶ

成長の要素として70％を占める経験。人は日々生活するだけで多くの経験をしています。その一つひとつの経験から学びが得られれば、成長することができます。ただ同じ経験をしても、そこから1学ぶ人と10学ぶ人がいるため、成長度合いに差が出ます。

私は、経験学習サイクルを回せるかどうかが、違いを生んでいると考えています。経験学習サイクルとは、アメリカの教育理論家であり組織行動学者のデイビッド・A・コルブ氏が提唱した、経験から学びを得るための理論です。

経験をしたときに（具体的経験）、振り返りを行い（内省的観察）、どうすればいいかを考え（抽象的概念化）、考えたことをやってみます（能動的実験）。すると、それがまた経験となり、

経験学習サイクル

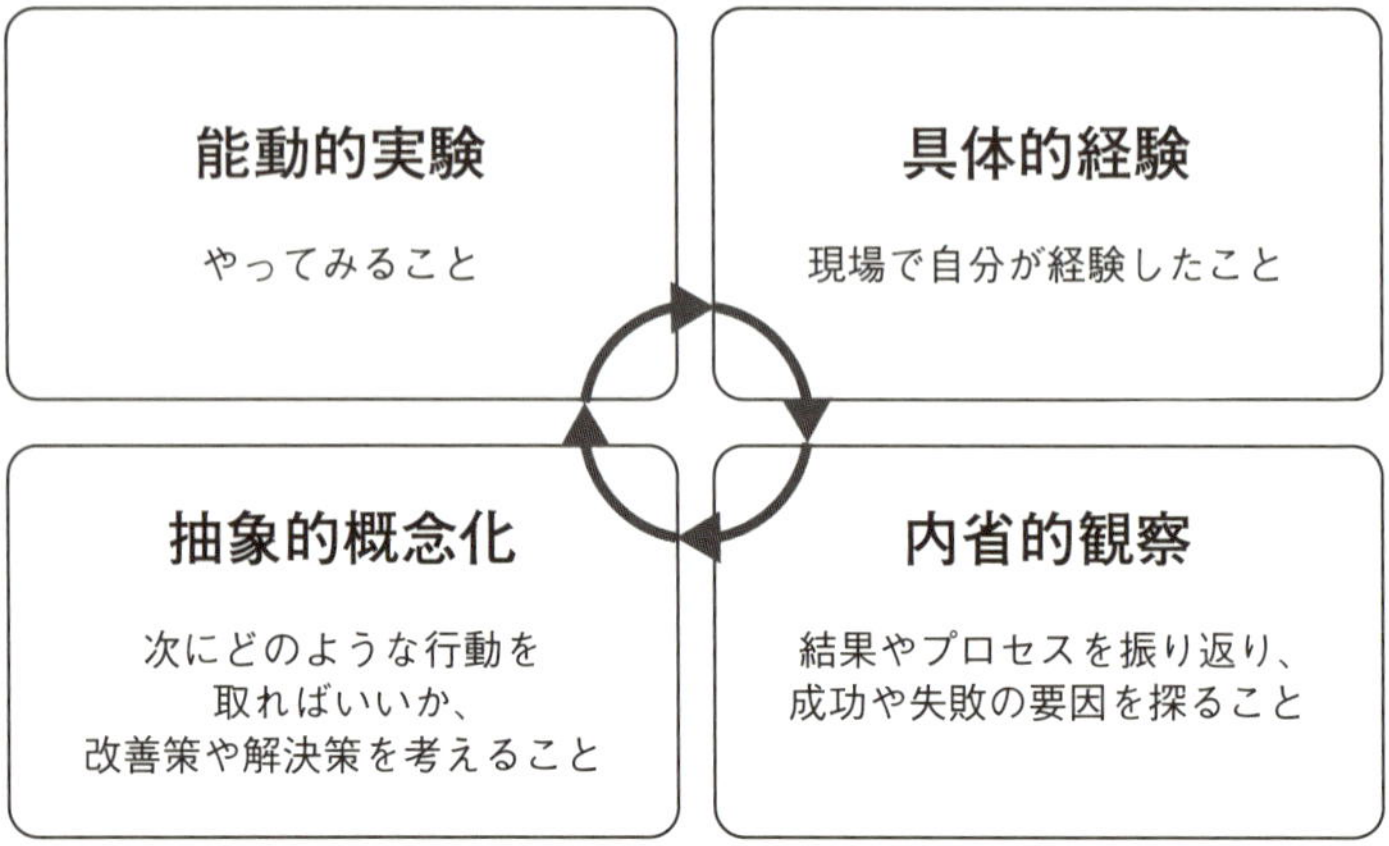
能動的実験
やってみること
具体的経験
現場で自分が経験したこと
抽象的概念化
次にどのような行動を取ればいいいか、改善策や解決策を考えること
内省的観察
結果やプロセスを振り返り、成功や失敗の要因を探ること

振り返りを行い……という流れを繰り返すものです。

例えば、

- 具体的経験：初めてクレームを受けた
- 内省的観察：言葉遣いに問題があったのかもしれない
- 抽象的概念化：「お待ちください」と言うのではなく、「お待ちいただけますでしょうか」と相手に判断を仰ぐ言い方にする
- 能動的実験：やってみた
- 具体的経験：スムーズに対応ができた。または、またクレームになった

という流れを繰り返し、経験からの学びを次に活かすことで成長します。成長のPDCAを回すのです。ただ、このサイクルを回すことは容易ではありません。どうしても、サイクルの途中で止まってしまうからです。

阻害要因としては、

- 具体的経験の阻害要因：目的がなく、経験自体に意味を持っていない
- 内省的観察の阻害要因：理性よりも感情が上回り、思考が働かない
- 抽象的概念化の阻害要因：知識や経験がなく、改善策が見つけられない
- 能動的実験の阻害要因：失敗が怖い、失敗が許されない環境がある

が挙げられます。

先ほどの例で言うと、クレームを受けたときに、腹が立つ、落ち込むといった感情が内省を邪魔します。ネガティブな感情が大きくなると、早く忘れようとするため、その経験を内省するに至りません。

こうして**途中で止まったときに、リーダーやチームメンバーからの働きかけで打開できれば、再びサイクルが回り始め、経験から学ぶことができます。**

私がユニバーサル・アカデミーの学長をしていたとき、この働きかけができるチームを作ることで、よりよいパークが作られると信じ、奮闘していました。

ＵＳＪのＶ字回復の要因の１つにマーケティングの成功があります。マーケティングが成功すると、ゲストの期待値が高まります。そして、それは、現場でサービスをしている人たちのモチベーションにもなり、ときにはプレッシャーとなります。

期待値が高まれば、今までと同じ体験ではがっかりする可能性があるからです。

素晴らしいアトラクションやショーがあっても、それを届けるのは人です。人によって、満足度を高めることもできれば、下げてしまうこともあります。いかにゲストの満足度を高め、また来たいと思ってもらえるかは、現場の「人」が大事なのです。

そんなＵＳＪのサービス方針には、２つのキーワードがあります。

１つが**「マジカル・モーメント」**です。

「マジカル＝奇跡的な、モーメント＝瞬間」をゲストとクルーの接点によって、パークの至る所で生み出していくことを目指した言葉です。パーク中にマジカル・モーメントが溢れれば、ゲストの最高の1日を作ることができます。

そして、もう1つが、「マジカル・モーメント」を実現するために、クルーに求める行動を表した言葉、**「ポジティブ・インターアクション」**です。

ゲスト一人ひとりに対して行うポジティブな働きかけという意味です。目の前にいるゲスト、その人、そのときは、一度きりです。目の前にいるゲストが何を求めているのかを考え、ゲストが笑顔になれるように積極的な声かけを行うことで、その瞬間がゲストにとって忘れられない思い出になるのです。

このサービス方針は、マジカル・モーメントプロジェクトとして、長年ＵＳＪ内で取り組まれてきました。それが、「ゲストが超元気になれるパーク」を作り出しています。

ただ、100％実現することは難しいものです。目の前にいるゲストが喜ぶ声かけには正解がなく、マニュアルで定義できるものではないからです。クルーが自分で考え、言動するしかありません。その結果、喜んでいただける場合もあれば、不快にさせてしまう場合もあります。

写真を撮ろうとしているグループがいたので「お写真をお撮りしましょうか」と笑顔で声をかけた結果、「ありがとうございます」と笑顔が返ってきます。でも、一方、同じように声をかけた結果、「せっかくいい構図が決まったところなのに邪魔しないでよ」と言われ、手でシッシッとされることもあるわけです。

自分の考えた結果の言動が、必ずしも相手の求めているものと一致するとは限りません。だから、喜んでもらえると思ってやったことが思いがけずクレームになり、残念な経験として残ってしまうことがあるのです。そして、この経験によって、次のポジティブ・インターアクションが起こせなくなります。

もしあなたがこの現場のリーダーだったら、ネガティブな反応を受けたクルーに対し、どのような対応をするでしょうか。

個人の接客やコミュニケーションスキルを高めることも必要ですが、困難な場面に遭遇したときは1人で乗り越えることが難しいときもあります。ポジティブ・インターアクションを求められていることを頭ではわかっていても、なかなか一歩踏み出す勇気は出ないものです。

でも、**リーダーやメンバーからのポジティブな働きかけがあれば、止まってしまった経験学習サイクルを動かすことができます。**私は、こういう場面でこそ、チームの力が重要だと考えていました。

「めっちゃムカついた〜！」「あんな言い方しなくてもいいのに！」「へこむわ〜」と、素直な気持ちを吐き出しても大丈夫だと思える環境がある。

「そうか〜辛かったね」「頑張って声をかけたのね！」と、共感し、できたことは認めてくれる人がいる。

「じゃあ、次はどうすればいいだろうね？」「次はどう声かけてみたい？」と、改善策や解決策を一緒に考えてくれる人がいる。

「もう1回やってみようか？」「何かあったら私がサポートするから安心して行っておいで」と、一歩踏み出す勇気をくれる、背中を押してくれる人がいる。

「うまくいきました！」「ゲストにありがとうって言ってもらえた！」と、素直に喜びを伝え、またやろうという気持ちにさせてくれる環境がある。

チーム内でこのような場が作られ、コミュニケーションができていれば、ポジティブ・インターアクションが継続され、経験を重ねて成長し、パーク中にマジカル・モーメントが溢れることに繋がるのです。

これは、もちろんＵＳＪだけの話ではありません。仕事には失敗はつきものです。数字を間違う、操作を誤る、取引先からクレームがくることは起こり得ることです。上司やメンバー、他部門、取引先などとの関わりの中で、良かれと思ってやったことが結果としてマイナスになることもあります。

起こったことは変えられませんが、そこから何を得るかで、未来が変わります。行動する目的を見出せない人、感情に支配されて内省できていない人、解決策が見つからず困っている人、一歩踏み出す勇気が出ない人があなたの近くにいたとき、リーダーやメンバーが働きかけを行って、経験学習サイクルを回せるようにお互いがサポートし合えるチームを作りましょう。そうして経験から学ぶことをくり返していけば、メンバーが自分で目的を考え、内省し、薫陶や研修を通じて解決策を見つけるようになります。そして自ら行動することで、自走を続けていくことに繋がります。

リーダーのチーム作りも同じです。リーダーが心理的安全性を高める環境作りをしても、思考の工夫や効果的な対話をしても、うまくいかないときもあります。それは、あなたがリーダーに向いていないわけでも、能力不足なわけでもありません。チーム作りには答えがなく、試行錯誤の連続なのです。

だからこそ、リーダー自身も**経験学習サイクルを回すことを意識してください。**

1人で回せないときは、周囲に頼ってください。リーダーが1人ですべてを抱え、1人で頑張るのではなく、チーム内外の環境や人を味方につけて、取り組むことを大事にしてほしいのです。研修や薫陶の力も必要です。

チーム作りには正解がないからこそ、こうして経験から学ぶことを繰り返し、経験を栄養にして、成長を続けていくことで実現していくものなのです。

あとがき

最後までお読みいただき、ありがとうございます。
チームリーダーを取り巻く環境が厳しくなっている中、どうすればリーダー自身が仕事や役割をおもしろいと捉えることができるか、どうすれば1人で悩まなくて済むか、どうすれば結果も出しつつ楽になれるか……と考え続けてきました。

私は今、研修や講演活動を通じて多くのリーダーと接しています。そのリーダーたちが抱えているチーム作りの悩みに触れると、私自身の過去の苦い経験や挫折を思い出して心がチクっとすることがあります。またUSJ時代に、リーダーの前向きな想いに触れて、働くすべての人に「USJで働いていてよかった」と思ってもらえる場作りがしたいと奮闘していたことを思い出して心が熱くなることもあります。

そして、参加者から「リーダーに向いていないと迷っていたが自分にできることを増やして、いいチームを作ろうと思えた」「メンバーにどう向き合えばいいか悩んでいたが、解決に向けて動き出せる」という声をいただき、私がこれまで得てきた理論や経験を必要としてくださる方がいることに気づきました。これが本書を書いた理由です。

私の会社名「SmiLearn（スマイラーン）」には、「笑顔（smile）で学ぶ（learn）」という意味があります。「学ぶことは楽しい！　学ぶことで明日からもっと笑顔になれる！」と思える場を作り、多くの人の働くという日常が、よりポジティブなものになるようサポートしたいという想いで名づけました。

私のモットーは、「どうせやるなら楽しまなきゃ損！」です。

働く時間は、人生の多くを占めます。その時間を我慢やつまらない時間とするのではなく、どうせ働くならば、少しでも自分にとってプラスの時間であると捉えられれば、人生が豊かになると考えています。

チームリーダーの皆さんに1つでも多くの引き出しを増やしてもらえれば、リーダー自身の働く時間が豊かになります。そして、チームメンバー一人ひとりに合った対応ができれば、メンバーの心理的資本が高まり、自走できるようになります。自走する人たちがともに目的に向かって行動することができれば、より多くの人が働くことを「おもしろい」と捉えることができると信じています。

本書を書くにあたり、これまで私に関わってくださった多くの方々に改めて感謝の気持ちでいっぱいです。社会人のスタートがUSJという会社でよかったと心から思います。USJでの15年間で出会った多くの方々のおかげで、チームとは何かを学ぶことができ、私は成長することができました。そして、独立後に、研修や講演の機会をくださっている方々のおかげで、今、多くのリーダーとともに最強の自走型チームを作ることができています。

私1人では、一歩踏み出すことができなかったことや乗り越えられなかったこと、達成できなかったことが多くあります。その度に、目的を共有するチームメンバーのおかげで前進することができました。これまで私にパワーをくださったすべての皆さんに心から「ありがとう」を伝えるとともに、これからも多くのチーム、多くの人が前進できるよう取り組んでいくことを宣言します。

本書を手にしてくださった方が、今抱える不安やモヤモヤを吹き飛ばし、明日から自信を持ってチーム作りに取り組まれることを願っています。そして、最強の自走型チームを作った皆さんがチームメンバーとともに笑顔で過ごしている未来を楽しみにしています。

最後に、一番近くで私を支え、毎日笑顔をくれている家族に感謝を込めて。

梅原　千草

【著者紹介】

梅原　千草（うめはら・ちぐさ）

◉――株式会社SmiLearn代表取締役　The Bob Pike Group トレーナー養成プログラム認定講師、ロジカルトランプ®認定トレーナー、ポジティブ心理学実践インストラクター®

◉――2000年関西大学法学部卒業後、ユニバーサル・スタジオ・ジャパン事業会社に新入社員第1期生として入社。人気アトラクションのチームリーダーとして、アメリカ研修を経てグランドオープンに携わり、開業戦略立案、従業員育成、顧客満足度向上へ取り組む。その後、人事部にて制度構築、組織開発、人材採用等人事業務全般に携わる中、2010年に「人と組織を強くする」ことを目的に社内教育機関ユニバーサル・アカデミーを立ち上げ、初代学長としてV字回復期の人材育成に貢献。

◉――2015年に独立。株式会社SmiLearnを設立し、自走する個人、自走するチーム作りを支援すべく、人材開発コンサルタント及び研修・講演講師として活動中。

HP：https://www.smilearn.com/

最高《さいこう》の自走型《じそうがた》チームの作《つく》り方《かた》

2025年 1 月20日　　第 1 刷発行

著　者――梅原　千草

発行者――齊藤　龍男

発行所――株式会社かんき出版

東京都千代田区麹町4-1-4 西脇ビル　〒102-0083

電話　営業部：03(3262)8011㈹　編集部：03(3262)8012㈹

FAX　03(3234)4421　　　　振替　00100-2-62304

https://kanki-pub.co.jp/

印刷所――シナノ書籍印刷株式会社

　ISBN978-4-7612-7782-6 C0030